CHRIS PYE의

# 목각 기법 따라하기

CHRIS PYE의

# 목각 기법 따라하기

초보자를 위한 전통적 기술에 대한 안내서

**Chris Pye** 저
**정복자** 역

씨아이알

주의 : 본 기술에 사용된 도구 및 자재들은 부상 및 손상의 위험을 가지고 있으므로, 어린이들이 가까이 하지 못하도록 해야 한다. 또한 사용 시 보안경을 착용하고, 적절한 안전 예방조치가 취해져야 한다. 출판사는 이 책을 이용함에 있어 발생할 수 있는 부상이나 손상에 대한 책임을 지지 않으며, 이 책에 수록된 프로젝트가 모든 사람에게 안전하다고 보장하지 않는다. 이 책은 직접 표현 또는 간접 시사되는 어떠한 종류의 보장이나 보증을 하지 않으며, 출판사와 저자는 이 책의 내용으로 인한 부상 및 손상, 또는 독자가 사용하는 본 책에 수록된 프로젝트를 수행하기 위해 요구되는 도구에 대한 책임을 지지 아니한다. 독자는 각각의 프로젝트를 면밀히 검토하고, 프로젝트에 사용되는 도구에 대하여 사전에 충분히 이해하여야 한다. 수록된 모든 상표는 각각의 소유자의 자산이며 생산자에게 양도되지 않는다. 사용된 제품 및 상표는 모두 정보제공의 목적으로만 사용된다.

나에게 무지개를 가져다준 캐리에게

# 감사의 글

많은 사람들이 이 책에 직간접적으로 기여했고, 나는 그들에게 일반적이고도 특별한 감사를 드리고 싶다.

나는 수년에 걸쳐 나에게 자신들의 시간을 내준 수백 명의 학생들에게 너무나 많이 배웠다. 이 책은 여러분들의 것이다. 책을 쓸 때, 나는 여러분을 염두에 두고 있다.

특별히 나는 미국 마인(Maine) 주 록포트(Rockport) 시에서 열린 2009년 가구 공예 센터의 중상급 클래스에 사의를 표하고 싶은데, 거기서 나는 매년 가르치는 영광을 누리고 있다. 웨슬리 올브라이트(Wesley Albright), 펙 반 브런트(Peg Van Brunt), 진 오스트라이 처(Gene Ostreicher), 로리 쉬어(Lorie Schweer), 브라이언 스콧(Brian Scott), 그리고 로저 스미스(Roger Smith), 특히 데이빗 폴 랑게(David Paul Lange)를 언급하고 싶다. 우리는 점심 테이블에 둘러 앉아 챕터 사이에 넣은 내 삽입글의 첫 번째 원고에 대해 토론했다. 그들이 내가 원했던 만큼이나 도움이 되고 이해할 수 있다는 것을 알고서 나는 안심이 되었다.

또한 센터의 상임이사인 피터 콘 덕분에, 나는 그곳의 작업장에서 제 12장의 야구모자를 조각할 수 있었다.

나의 아주 훌륭한 친구인 마크 킴블에게 진심 어린 감사를 드리는데, 그는 여기저기서 여분의 재료를 다시 조각하고 내가 나무에 가한 것을 언어로 가시화함으로써 큰 도움을 주었다.

마지막으로, *Woodcarving Illustrated*에 원래의 글을 의뢰한 섀논 플라워즈(Shannon Flowers)와 이 책을 의뢰한 펙 카우치(Peg Couch)에게 그들의 지원과 열정에 대해 정말로 많은 감사를 드린다. 그리고 이 책의 출판에 세심하고 빈틈없이 감독한 것에 대해 케리 랜디스에게도 사의를 표한다.

# 작가에 대해

크리스 파이(Chris Pye)는 조각가로서 약 30년의 경력을 지니고 있고, 세 편의 목조각 DVD와 책 여섯 권의 저자이다. *Woodcarving Tools, Materials, and Equipment*(1995, 2002), *Carving on Turning*(1995), *Lettercarving in Wood*(1997), *Relief Carving in Wood*(1998), *Elements of Woodcarving*(2000), *Woodcarving Projects and Techniques*(2007). 2011년에 크리스는 비디오 자료가 풍부한 조각 웹사이트인 www.wododcarvingworkshops.tv를 출시했다.

영국의 헤리퍼드셔(Herefordshire)에 있는 자신의 스튜디오에서 크리스는 레터링, 문장학, 가구장식물, 건축적인 조각, 조각 등을 포함해서 광범위한 주문을 받아 작업하고 있다. 그는 영국 황태자 전하를 포함한 고객이 있는 명장 조각가 협회의 회원이다.

# 차 례

# 소개

나는 소위 말해지는 전통적 방법으로, 때로는 유럽적인 것으로 언급되는 방식으로 조각한다. 주로 나는 모양 가우지, 끌, 그리고 연관된 공구들에 의존한다. 나는 전통적인 미국식 조각이라 불리는 것에서 아주 흔하게 선호되는 나이프는 자주 사용하지 않는다. 그리고 나는 대강 만들기나 질감내기 외에 다른 어떤 것에도 전동공구를 사용하지 않는다. 나는 나이프나 전동 장비에 대항하는 어떤 다른 것도 가지고 있지는 않다. 숙련된 조각가는 정말로 그 두 가지를 가지고 많은 아름다운 작업을 하고, 때때로 그것들이 내 자신의 조각에서 필요로 하는 바로 그 공구이기도 하다. 그러나 나는 내 끌과 가우지에 흠뻑 빠져 있고 그것들은 디자인이나 최종의 결과물로서 그 장점들을 나에게 제공해준다.

나는 수많은 나이프 사용자들이 조각공구에 밀리는 것을 많이 경험해왔다. 아마도 그것은 특정한 일에 최선의 공구를 선택해야 하는 압박감이나 많은 다른 모양들 때문일 것이다. 그러고 나면, 그렇게도 끔찍한 연마하기(날 갈기)가 있다! 이것은 참 안된 일이다. 나는 조각가가 나이프를 사용해 그저 갈 수 없는 곳에 끌과 가우지로는 갈 수 있다는 데 절대 아무 의심도 갖지 않는다. 실제로 가우지는 정확히 그 장점들 때문에 조각의 역사에서 칼과 도끼를 대체했다.

글자 조각과 같은 특수한 화제를 다루는 나의 다른 책들과는 달리, 나는 전통 목조각의 일반적인 입문서로서 이 책을 저술했다. 비록 이 소재에 관한 책은 원래 *Woodcarving Illustrated*에서 일련의 시리즈 글로 나왔지만, 당신이 여기서 보는 것은 그저 단순한 증판은 아니다. 나는 이 에세이들을 상당히 수정하고 추가했고 차례로 출판사에서 재개정했다.

이 책에서 나는 전통적인 조각공구의 선택과 연마를 둘러싸고 있는 몇몇 수수께끼를 푸는 데 목표를 두고 기초로서 시작한다. 우리는 이 기본원칙으로부터 그 공구들을 올바로 쥐고 응용할 때 그것들이 할 수 있는 것을 입증하는 간단한 연습까지 나아간다. 마침내 우리는 실제 조각 과정에서 원칙과 실습을 함께 할 수 있도록 격려하는 일련의 프로젝트를 다룰 것이다.

나는 이 책을 발전 과정으로 보고, 처음에 초보자들이 그것으로 나와 함께 시작하고 따를 것이라 생각하고 있다. 그렇지만 그 프로젝트들은 독립적이고 더 노련한 조각가도 원하면 그것을 읽을 가능성도 꽤 있다.

한 가지 중요한 첨가는 챕터 사이에 짧은 삽입글을 넣은 것이다. 여기서 나는 조각 과정에 관한 더 보편적인 생각으로 특히 중요하다고 여기는 기법들의 측면을 결합하고 있다. 모든 경우에서, 이것들은 내가 수년에 걸쳐 나의 모든 학생들과 함께 되풀이해서 강조한 요점들이다. 삽입글 각각은 어떤 특정한 방법으로 다음 챕터에 연결되지만, 종합되면 그것들은 훨씬 더 광범위한 목조각 풍토를 도출해 낸다.

나는 이런 현재의 연구가 어떤 면에서 완성되어 있다고 주장하지는 않는다. 실제로, 내가 나의 다른 출판물과 DVD에서 강조한 세부적인 것과 이 기초들을 당신이 실행할 것을 강력하게 권한다.

기타연주를 배우는 것과 같은 방법으로 조각하는 법을 배우는 것에 대해 생각해봐라. 아무도 당신이 로드리고 기타 콘체르토를 즉석에서 연주하기를 기대하지는 않을 것이다. 기타 선생님이라면 먼저 당신에게 기타가 기계적으로 작동되는 법을 보여주고 나서 당신에게 그것을 조율하는 법을 보여줄 것이다. 다음으로는 간단한 손가락 연습으로, 손가락을 강화시키고, 귀를 열리게 하고, 근육의 기억을 훈련하면서, 더듬거리며 나아가는 가장 이른 단계일 것이다. 연습이 더 많은 도전이 되고 당신이 더 근면하게 연습하면 할수록, 당신의 어설픔은 적절한 음을 찾아 저절로 해결되기 시작한다. 이것은 어떤 기술에도 적용되며 확실히 조각에도 마찬가지이다.

기타 선생님은 당신이 자신의 악기를 지니도록 권할 것이고, 그 밖에 무엇보다도, 당신이 연습하기를 기대할 것이다! 목조각에 관해서, 가능한 한 솔직히 이렇게 말하겠다. 당신은 연습시간을 투입하지 않고서 그 기술들을 배울 수 없다. 이것은 절대적인 것이다. 만약 당신이 조각하는 법을 배우기를 원한다면, 몇 가지 공구들을 갖추고, 그것들이 정확히 연마되어 있는지 확인하고, 조각해라. 결국에 자부심을 가지고 조각하기를 원한다면, 정확하게 연마된 공구들을 들고 조각해라.

"인생은 짧고, 예술은 배우기에 너무 길다."라고 초서가 우리에게 말했다. 사실 목조각은 모든 여행이 가져오는 똑같은 기회들로 가득 찬 순례처럼 보일 것이다. 새로운 기술을 탐험하고, 재미있는 사람들을 만나며, 새로운 도전들에 직면하며, 중요한 건, 재미가 넘친다는 것이다. 모든 여행은 적절한 방향의 첫걸음으로 시작한다. 이 책은 당신이 그 첫걸음(또는 천 번째 걸음)을 걷는 것을 도우려 하고 있다. 그리고 당신의 손과 심장이 뒤따르는 곳으로 이르게 하고자 한다.

Chris Pye 

## Part I : 조각공구와 구성하기

만약 목공이 처음이라면, 여기서 시작하라. 이 책에서 쓰이는 목공구들에 대한 설명과 그 공구들을 날카롭게 하고 주문하는 방법도 얻게 될 것이다. 바이스와 클램프 같은 서포팅 아이템들도 여기서 다룬다.

## Part II : 조각공구 사용하기

공구를 잡고 사용하는 것에 대한 세부사항과 당신이 만들 수 있는 서로 다른 컷들이 여기에 모두 기술되어 있다.

## Part III : 연습하기

몇 가지 기본적인 몰딩을 만들어서 당신의 기량을 연습하라. 여기서는 또한 베이너와 V자형 툴이 사용된 기법들을 보여주는 세 가지 프로젝트를 포함한다. Burghead 황소 프로젝트의 세 가지 버전과 네 가지 유형의 몰딩을 만들어라.

## Part IV : 릴리프 조각

아시안 주제의 네 가지 프로젝트를 완성했을 때, 당신은 성공적인 릴리프 조각—로, 하이, 그리고 뚫린 릴리프를 포함해서—에 요구되는 개념과 테크닉을 확실히 이해할 것이다. 또한 당신은 전시할 수 있는 네 가지 아름다운 조각을 가질 수 있다. 한 가지 패턴을 취해서 그것을 세 가지 구별되는 조각 스타일로 변형시키는 방법을 배워라.

## Part V : 입체로 조각하기

이 두 가지 프로젝트에 숙달되면, 당신은 스케치에서 입체의 조각을 만들어낼 수 있을 것이다. 당신은 물체를 모방하는 방법과 찰흙 모델로부터 조각하는 법을 배울 것이다. 입체로 조각하는 기법을 익히면서 실재하는 나무 야구 모자와 매력적인 굴뚝새를 만들어낼 것이다.

# 기법적인 숙달

나는 그녀의 목공작업을 도우면서 학생벤치에 앉아서 다른 종류의 가우지(둥근 끌)가 필요하다. 한쪽에 가지런히 놓인 공구들의 열에서 선택하려고 손을 뻗지만, 먹이를 노리는 새처럼 손은 선회할 뿐이다.

그 학생은 이 끌 저 끌을 주면서 도우려 한다. 그녀는 벌써 또 다른 공구롤을 열기 시작한다. "뭐가 필요한지 모르겠네."라고 나는 말한다. 그리고 그건 완전히 사실이다. 해야 할 일이 생각난다. 갑자기 손을 떨어뜨리고 내게 필요한 도구만 골라서 들어 올릴 뿐이다. 나는 다시 조각하기 시작한다.

이런 다소 낯설고 자의식적인 경험은 종종 일어나진 않는다. 내가 어떤 특정한 도구를 다루고 있다고 거의 알아채지도 못한다. 대신에 난 단지 깎고 있을 뿐이다.

그러나 깎는다는 것 자체는 빠져 들기에 좋은 상태이다. 회고해보면, 나는 최고로 만족감을 주는 일을 하고 나의 더 침착한 내면이 계속하게 하는 그 일을 한다. 이런 상태에서 나는 가장 헌신적이고 유동적이며 최고인 일을 한다.

이것에는 어떤 허구적인 것도 없다. 강하게 경험한 어떤 육체적인 기술을 응용할 때, 당신의 자각부위가 이완되고 당신은 도구와 하나가 된다. 이는 우리가 운전하거나 타이프를 치거나 악기를 연주할 때 생기는 조용히 이어지는 신념인 숙달이라고 생각하는 것의 일부이다.

그것은 오로지 연습을 통해서만 나온다. 반복은 강한 기억을 구축하고 실제로 뇌를 다시 연결해준다.

"연습으로 완벽해진다."라는 옛 속담은 실제 과장에 불과하다. 예를 들면, 아무리 반복을 해도 좋은 디자인을 만드는 것은 보장되지 않는다. 하지만 시간이 지나면서 연습은 정말로 점점 더 나아지게 하고 그 과정에 몰두할 수 있는 기초를 만들어낼 것이고 당신의 예술적 재능이 빛을 발하게 해줄 것이다.

Chapter 1

# 시판되는 공구들

조각하는 데 공구를 따로 분리시킬 수 없으므로, 시작하는 최적의 방법은 모든 목공구들을 간략하게 살펴보는 것이다. 즉, 그것이 무엇이고 왜 그렇게 많은지 간략하게 어떤 쓸모가 있는지 등이다.

목공공구를 전혀 경험해본 적이 없다면, 그것들을 직접 골라 사용해볼 수 있도록 해주는 목조각가를 찾아보도록 해라. 가우지를 들고 손잡이의 나무와 날의 쇠를 느껴보고, 이해를 위해 한두 컷을 조각해보는 것이 가장 좋다.

수많은 초보자들은 다양한 조각공구들과 많은 제조업자들이 있다는 것에 두려워질 것이다. 또한 저급한 공구들을 구입할까 봐 신중하고, 그 날을 갈면서 공구들에 손상을 입힐까 걱정하기도 한다. 이 문제들에 대한 해답은 다음과 같다.

1. 내가 권하는 유용한 소수의 공구로 시작하고 필요에 따라 점차 보강해라.
2. 정평이 나 있고 평판 좋으며 신뢰할 만한 조각가에게서 추천을 받은 것만을 구입하라.
3. 대단히 중요하진 않지만, 저녁 때에 공구의 철부분이 확실히 정련되어 있는지 살펴봐라.

또한 레귤러 가우지는 날이 손잡이와 만나는 곳까지 다소 덜 단련되어져야 한다는 것도 기억하라. 여러 해 사용하고 연마한 낡은 조각공구는 이를 증명한다. 연마하는 법을 배우기 위해 길이가 좀 줄어들지만, 그건 중요한 기술을 습득하는 데 비싸지 않게 드는 비용일 것이다.

최선의 조각을 위해 가져야 할 다양한 종류의 끌, 가우지, V-툴. ≫

# 스윕(날이 닿는 범위)

모든 목조각 판매자의 카탈로그와 대부분의 조각 관련 서적에는 입수할 수 있는 공구들의 차트가 있을 것이다. 그것은 초보자에게는 거대하고 위협적인 곡선들의 대열로 보일 것이다. 당신은 이 차트들에서 조각공구들의 끝, 즉 자르는 날을 보고 있는 것이다. 목공인들은 칼날의 선인 평평하거나 다양한 곡선인 선을 스윕(sweep)이라 부른다.

스윕은 조각하는 날의 말단 외곽선이다.

## '전형적인' 가우지

전형적인 가우지에서 스윕은 실제로 즉시 그려질 수 있는 원의 호이다. 조각가들은 스윕을 따라 조각 날을 회전함으로써 완벽하게 흐르는 선들 — 다른 어디에서나 실패하지 않고 반복될 수 있게 새긴 금들 — 을 만들 때 가우지가 크게 이득이 되는 원형이라는 사실을 이용한다. 예를 들면, 두 면을 만들거나 이어붙일 때 이 점이 매우 중요하다. 가우지는 거칠게 깎기부터 표면의 장식마감까지 조각의 기반 자체이다.

호가 그리는 원이 크면 클수록, 가우지는 평평해진다. 따라서 한쪽 끝에서 다른 쪽 끝까지 측정된 주어진 어떤 넓이에 맞게 더 평평하거나 더 깊은(커브가 급한) 범위의 가우지가 있다. 가장 깊은 각도의 전형적인 가우지는 반원일 것이다.

가우지를 목재에 수직으로 위치시키고 찔러라. 그리고 나서 앞 가장자리를 들고 자를 금을 따라 움직이기 시작하라. 계속 움직이면서 들어올리면 가우지가 그 자체의 트랙을 따라간다는 것을 느낄 것이다. 결국 당신은 줄곧 처음까지 돌아올 것이다.

이 레귤러 가우지는 다른 깊이를 가지지만 조각공구의 폭은 거의 유사하다.

U자형 가우지 : 내벽이 확장되고 다소 평행할 것이다.

파팅툴이나 V툴 : 세 가지 각도가 주어진다. 사진의 오른쪽에서 왼쪽으로 45˚, 60˚, 90˚를 나타낸다.

## U자형 가우지

내가 U가우지라 부르는 것은 트루 가우지와 유사하지만, 근본적으로 다른 방식으로 작동한다. U자의 베이스는 반원이거나 급한 곡선이지만 내벽은 위쪽으로 확장되거나 평행하거나 다소 비스듬하다. 이것은 트루 가우지로 만들 수 있는 것과 같이 부드러운 호를 따라 칼날을 회전할 수 없다는 것을 의미한다.

규모가 커지면, 이 공구들은 홈(좁고 긴 채널이나 둥근 플루트)을 만드는 데 사용되어 홈파는 기구로 불린다. 규모가 작아지면, 머리카락이나 털, 또는 나뭇잎에서 보이는 미세한 유형의 선을 그려서 베이너로 불린다. 깊은 가우지의 급함과 더 평평한 양끝의 더 부드러운 가능성 사이에서 번갈아 실행할 수 있기 때문에, 또한 더 넓은 U자형 가우지는 거칠게 다듬기와 목재의 전반적인 모양잡기에 적합하다.

## V자형 툴

또한 당신은 차트에서 원의 호가 아닌 V자인 스윕을 볼 것이다. V툴은 45˚, 60˚, 90˚의 세 가지 각도 중 한가지로 연결되는 두 개의 끌로 이루어져 있다. 그중 60˚가 가장 유용하다. 당신은 조각할 때 한 요소에서 다른 것을 분리시키거나 다소 소형 V자 끌처럼 선을 긋는 데 사용할 것이다.

## 끌

마지막으로 차트에는 목수의 끌처럼 완전히 평평하지만 양 측면에 사면(bevel)이 있는 끌이 있고, 칼끝이 비스듬하고 또한 양 측면에 사면을 가진 빗끌이 있다.

직선의 요소를 지닌 글자 조각하는 전통적인 방법은 끌을 사용한다. 빗끌은 당신이 종종 사용하지 않는 그런 공구들 중에 하나지만, 그것을 필요로 할 때는 그 밖의 다른 어떤 것도 쓸 만하지 않을 것이다. 예를 들자면, 빽빽한 모서리로 들어가거나, 연결 부위와 선들을 말끔하게 하는 데 그것을 사용해라. 이중의 사면은 대부분의 조각공구들의 중요한 특징이지만, 연마하기를 보기 전에는 이것은 논외로 할 것이다.

끌은 평평하거나 비스듬하다.

# 세로형태

조각공구들은 끝부분을 보면 다를 뿐만 아니라, 길이 방향의 외관인 세로형태 또한 다르다. 가장 일반적이고 유용한 공구는 평행한 측면을 지닌 것으로, 우리가 레귤러 가우지 — 거친 툴이라 부르는 것 — 이고 길이 전체가 단단하고 오랜 세월에 거쳐 닳은 것이다. 우리는 이 가우지를 꽤 많은 것들 — 거칠게 대강 만들기, 모델링, 세밀화 등 — 을 만드는 데 사용할 수 있다.

## 벤트 가우지

학생들은 대부분 레귤러 가우지로 시작하고, 진도가 나아감에 따라, 보통 벤트 가우지가 유용하다는 것을 알게 된다. 레귤러 가우지로는 구멍을 뚫을 만큼 충분히 깊게 팔 수 없을 때가 있다. 날이 구멍 주위의 목재 단면을 지저분하게 만들기 때문이다. 이 시점에서 조각가는 오목한 곳에 들어가서 아래의 목재를 긁어내거나 그 바닥을 평평하게 해주는 수저와 같은 가우지에 눈을 돌린다. 이 공구들은 짧게 굽은 또는 스푼 가우지라 불린다. 그렇게 길이의 굴곡에 어떤 기준은 없고 원하는 모양을 어떤 특정한 업체에서 제작하는지를 살펴볼 필요는 있다.

## 피시테일 가우지

다음으로 가장 유용한 공구는 피시테일이다. 그것의 날은 긴 자루의 끝으로부터 펼쳐져 있다. 제조업체마다 실제 모양이나 펼쳐진 정도는 다르다.

레귤러 가우지와는 달리, 피시테일은 더 날카롭게 갈수록 공구수명은 짧아지지만 결국에는 좁아질 것이다. 더 섬세하고 단기적으로 사용하기 위해 조각가는 보통 더 가벼운 작업, 즉 마무리작업이나 세부묘사, 또는 돌출한 피시테일의 코너가 레귤러 가우지의 각진 모서리가 접근할 수 없는 오목한 곳에 들어가는 데 피시테일을 사용한다.

왼쪽은 일반적인 평행한 측면을 지닌 가우지. 오른쪽은 알롱제(allongee) 형태로 알려져 있다.

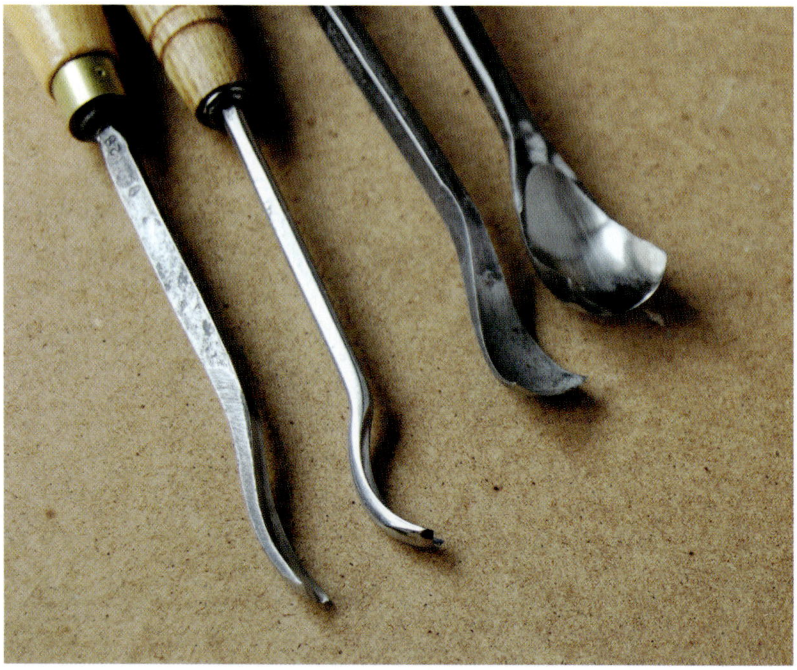

짧은 가우지, 스푼형 가우지 : 서로 다른 굴곡에 주의하자. 당신이 만들고 싶어 하는 것과 파들어 가야 하는 깊이에 적합한 것을 찾을 필요가 있다.

## 특수 공구

길게 구부러진 것과 실제로 이상해 보이는 뒤로 굽은 것과 같은 다른 형태도 있다. 롱벤트는 대부분의 목공인에게는 거의 쓸모가 없다. 나는 여러 해 동안 그것을 사용해본 적이 없다. 뒤로 굽은 것은 비록 적절한 곳에 쓰이면 아주 유용하지만 매우 특수화된 공구이다. 여기서 우리는 그 어느 것에도 관심을 둘 필요는 없다.

여기서 포착할 중요한 점은 레귤러 가우지가 어떤 스윕을 지닐지라도 짧게 굽은 것이나 피시테일도 가질 수 있다는 것이다. 그래서 레귤러 가우지의 넓이나 스윕이 가장자리나 오목한 부위에 들어가지 않는다는 것을 안다면, 작업을 더 잘 하거나 더 효율적인 다른 종류의 유사한 공구로 바꿀 수 있다.

피시테일 : 마무리 작업을 하거나, 더 가볍거나 더 섬세한 작업을 할 수 있도록 가장자리가 확장된 아름다운 공구

# 초보자를 위한 공구

그런데, 왜 그렇게 많은 조각공구들이 있는가? 그리고 어느 것이 조각을 시작하는 데 필요한가? 조각공구들의 넓이, 스윕, 모양이 증가할 때쯤에는, 그 많은 가능한 공구들이 어떤 초보자라도 나가떨어지게 할 것임을 알 것이다.

공구의 수는 조각된 작품에 표현할 수 있는 많은 다양성과 복잡성을 반영한다. 예를 들면, 당신은 10"(25cm) 크기의 글씨나 네쓰케 물고기의 작은 눈 — 잘 우거지고 깊숙한 아칸서스 잎이나 단순한 완두콩 몰딩 — 을 조각할 것이다. 그리고 당신의 작품이 다음 조각가의 것과 다른 것처럼 당신의 공구도 마찬가지일 것이다. 여기 좋은 소식이 있다. 시작하기에는 몇 가지 레귤러 가우지만 있어도 된다. 그리고 여기 황금률이 있다. 당신이 진척을 보이면 필요에 따라 다음 조각공구를 구입하라.

어떤 수수께끼가 있다. 당신이 어떤 공구를 필요로 하는지를 알 때까지는 조각을 시작하길 원치 않지만, 시작할 때까지는 어떤 공구가 필요할지 모를 것이다.

해답은 가장 광범위하게 유용할 것 같은 그런 조각공구들 중 몇 가지로 시작하는 것이다. 나중에 그런 공구들의 짧은 목록을 제시하겠다. 앞으로의 연습과 프로젝트에 사용할 것들도 포함시킬 것이다. 거기에는 어디서, 왜 이 도구들이 사용되는지와 어떻게 그것들을 최대한 활용할 것인지 좀 더 설명하도록 고안되어 있다.

## 숫자체계

우리가 언급한 모든 도구에는 보통 제조자에 의해 부여되어 자루에 인쇄된 숫자가 있다. 불행하게도, 전혀 일치되진 않는다. 제조업자들이 어느 특정한 스윕이나 모양에 어떤 숫자를 부여하는지는 좀 다르다. 가장 일반적이고 오래된 숫자체계는 Sheffield 리스트이고 대부분의 다른 메이커도 유사한 숫자패턴을 따르는데, 실제로 당신이 필요로 하는 것은 11까지이다.

어떤 넓이를 가진 것이라도 Sheffield 리스트에는 다음과 같은 분류가 있다.

- #1 : 끌
- #2 : 빗끌
- #3 : 가장 굵은 가우지
- #4-#8 : 스윕
- #9 : 보통 반원
- #10, #11 : U자형 가우지

따라서 주어진 넓이에 상관없이 숫자가 작으면 작을수록 조각공구는 더 평평하다.

V자형 툴은 어떤 숫자일지라도 다행이도 즉시 구별할 수 있다.

그러나 메이커의 역사적인 특징 때문에 스위스제인 Pfeil 공구는 Sheffield 리스트에서처럼 #1로 끌의 분류를 시작하지만, 스크루 끌은 #1S로 부른다. 그러므로 Pfeil은 가장 평평한 가우지를 #2로 표시하며 Sheffield 리스트와 동일하게 가우지 분류를 시작한다. 또한 전체적으로 숫자를 떨어뜨린다. 그러나 비록 그 숫자가 낯설지라도, 당신이 필요로 하는 공구는 있을 것이다.

'난 이 넓이의 가우지가 좋아. 그런데 실제로 이보다 더 평평하면 좋겠어.'라고 생각하며 ½"(13mm) 가우지로 조각하고 있을지 모른다. 그리고 나서 어떤 메이커나 당신이 선호하는 공구차트를 보고 그림의 스윕에 칼날을 대볼 것이다. 가령 그것이 #6½"(13mm)이라는 것을 알고는 운 좋게도 그것이 자루 위에 적혀 있다. 그런 후에는 당신이 원하는 평평함에 따라 차트에서 ½"(13mm) #5, #4, 또는 #3의 가우지를 구입할 것이다. 마찬가지로 당신은 짧게 굽은 형태나 피시테일 형태에서 원하는 공구를 찾기 위해 차트를 사용할 수 있다.

공구의 자루에 찍힌 숫자는 그 공구의 스윕이 얼마인지를 알려줄 것이다.

## 최고의 품목은 무엇이고 어디서 구입하는가?

시장에는 품질 좋은 강철로 제작되고 칼날이 잘 유지되도록 단련된 훌륭한 조각공구들이 있다. 선발명단은 다음과 같다. Auriou, Pfeil, Henry Taylor, Ashley Iles, Stubai, 그리고 Kirschen. 거기에는 고를 것이 많이 있다.

하지만 날의 두께와 단조(공구의 실제 형태) 퀄리티의 차이를 발견할 것이다. 똑같은 메이커의 공구들에서도 그 차이는 발생하며 탐탁치 않는 차이는 손잡이 단조와 퀄리티 조절 요소 사이에도 생긴다. 한 브랜드에 충실하기는 쉬운데, 나는 항상 학생들이 다른 제조업체의 공구를 사용해보고 스스로 결정하도록 제안한다.

이러한 형태와 질의 차이 때문에 공구를 구입하기 전에 한 번 다뤄보는 것이 항상 최선이다. 만약 그것이 불가능하다면, 잡지와 웹사이트 상에 광고되고 있는 많은 물품들이 있다. 당신이 누구에게 사러 가거나, 만족스럽지 않다면 환불을 받을 수 있어야만 한다.

### 전통적인 조각공구들이, 가령 나이프와 비교하면 비싸지 않는가?

분명 그것들은 대부분의 나이프와 그렇게 비교되어 보일 수 있지만, 다른 목공예와 비교하면 그렇진 않다. 당신이 시작하는 데 돈을 좀 쓸 필요는 있겠지만, 조각공구는 큰 투자다. 단 몇 개의 날카로운 가우지와 말렛(나무망치)으로도 조각에 뛰어들 수 있다. 당신은 키트(한 세트)를 아주 천천히 만들어 그 비용을 거의 알아차리지 못하며 판재 조각을 깎는다. 창조적인 조각을 하는 동안 정상의 조각공구가 마모될 수밖에 없을 것이다. — 나에게는 손잡이에 내 이름 외에도 몇 가지 이름들이 새겨진 100여 년 이상 된 것들이 좀 있다.

일단 몇 개의 조각공구를 가지면, 다음으로 해야 할 일은 그것들을 적절하게 연마하는 것이다. 최상의 공구들을 얻기 위해서는 직접 주문하는 과정을 경험해야 한다.

## 몇 가지 공구로 시작하기

많은 조각을 수행할 수 있는 몇 개의 쓸모 있는 공구들이 있다. 그것들은 모두 레귤러 가우지이다.

- #3 가우지 : ¼", ½", ¾"(6mm, 13mm, 19mm) (메이커 중에서 가장 평평한 가우지)
- #6 가우지 : ¼", ½", ¾"(6mm, 13mm, 19mm) (중간 크기의 가우지)
- #9 가우지 : ¼", ½"(6mm, 13mm) (가장 깊고 반원형인 가우지)
- ⅜"(10mm) 빗끌
- ⅜"(10mm) 60° V-툴

나는 바로 다음의 연습작업에 몇 가지 다른 공구들을 사용하겠지만, 적절한 곳에서 이것들에 대해 언급할 것이다.

초보자의 공구세트 추천 : 왼쪽에서 오른쪽으로, #3 가우지, #6 가우지, #9 가우지, 60° V-툴, 그리고 빗끌

# 공구가 조각이다

목공이 끌에서 바로 남겨지는 곳에는 조각 공구와 그 결과 사이의 직접적이고 불가분의 관계가 있다. 무엇을 조각하든지 공구 자체와 조각가가 그것을 다루는 방법이 조각할 때 그것의 표면, 형태, 그리고 윤곽을 만들어낸다.

초보자들은 종종 그 일에 알맞은 공구를 선택하는 데 혼란을 겪는다. 실제로 자주 그런 일이 생기지는 않는다. 정확한 몰딩을 (Chapter 6을 보라) 자를 때 그럴 것이고, 분명 더 나은 선택을 할 수 있을 것이다. 다른 것을 고집하기보다는 이를 이용하면 더 좋은 결과를 얻을 것이다. 그러나 대부분 이와 같은 정확한 맞춤은 조각이 만들어지는 방법이 아니다. 조각가는 다른 것으로 교체하기 전에 하나의 공구를 가지고(Chapter 5를 보라) 유연한 태도로 다른 컷들이 이루는 춤 전체를 만들어낼 것이기 때문이다. 이것은 대단한 익숙함에서 나오는 자신감과 확신이다 (p.10을 보라).

나는 내 도구를 다양하게 무의식적으로 사용하며, 그 조각의 어떤 부분에 정확히 어떤 공구를 사용하는지 말하기는, 심지어는 기억하기도 종종 불가능하다. 때때로 내가 이 책에서 사용하는 공구가 정확히 어떤 것인지 정말로 알고 있지만, 내가 말할 수 있는 건 내 벤치 위에 놓여 있는 것들의 전반적인 목록에서 종종 선택한다는 것이다.

어떤 공구를 사용할 것인가의 전체적인 문제는 물론 충분히 조각해서 오는 익숙함을 얻을 때 사라질 것이다. 그러면 당신은 공구들 자체가 아니라 당신의 조각에 단순히 초점을 맞춘다는 것을 알 것이다. 조각은 어느 정도 생겨날 뿐이다. 공구는 저절로 선별될 것이고 당신은 무디어지는 것 같은 문제가 있을 때에 그것들을 알아차릴 뿐이다. 어떤 특별한 상황에서 적절한 공구가 무엇인지 말하는 것이라면, 대부분의 숙련된 조각가들은 자신의 공구 자체에는 전혀 주의를 기울이지는 않는 것이 사실이다!

Chapter 2

# 조각공구 주문하기

요즈음 당신이 구매하는 대부분의 조각공구들은 미리 연마되어 나온다. 그래서 우리가 먼저 해야 할 일은 그것들을 다시 갈아야 한다는 것이 내 클래스의 학생들에게는 놀라움으로 다가온다!

그러나 확실히 그들은 제조업자들이 뭘 하고 있는지 알까 묻는다. 물론 모른다. 제조업자들은 목조각가가 아니라 조각공구 판매자일 뿐이다. 그리고 예리한 칼날은 아마도 조각에 전혀 관심이나 경험도 없는 젊은이가 숫돌에 갈았을 것이다. 대중적인 수요로 제조업자들은 반드시 조각가로서 능숙해야 할 것은 아니지만 당신이 계속 일하게 하는 뭔가를 줄 것이다. 요점은 같다. 공구는 날카롭게 갈릴 수 있지만, 목재를 비효율적으로 자를 수 있다. 날카로움이 전체는 아니다. 당신은 방금 산 반짝거리는 조각공구가 정확히 조각을 위해 필요로 하는 것이라고는 생각할 수 없다.

내가 좋아하는 비유로 돌아가면 당신은 기타를 산다. 그것에는 현들이 있다. 그러나 아마도 줄을 튜닝하지 않고도 단순히 기타를 잘 치기 시작할 수 있을 것이라고 믿는 침대 속의 몽상가인 십대들을 제외하고는 아무도 여러 달 동안 조율용 핀을 조이지 않고서 가지고 다니진 않을 것이다! 비슷하게도, 공구 가게는 당신에게 마치 현이 달린 악기처럼 가우지를 팔고 당신은 그 공구가 '조율되어 있는지' 점검할 필요가 있다. 그게 바로 당신이다. 만약 그것이 조율되어 있지 않으면, 당신이 조율할 필요가 있다. 기타를 조율하는 것처럼 조각공구를 정확히 연마하는 것이 필수적이다. 가장 효율적으로 작동하도록 공구를 연마하는 것은 어렵지 않다. 조각하는 것보다는 기술이 훨씬 덜 필요하다. 하지만 당신이 무엇을 목표로 하는지를 분명히 알아야 할 필요가 있다.

동작 중인 조각공구 : 손이 뻗치는 범위까지 주목할 필요조차 없다. — 그리고 맡겨버리기만 하면 된다. ≫

# 연마하기의 이해

공구는 날카로울 수 있다. 반창고를 찾아 손을 뻗기 바로 전에 충분히 쉽게 입증될 수 있지만, 나무를 밀어내는 작업은 필요한 이상 육체적으로 더 힘들 수 있다. 컷을 조절하기보다는 차라리 방해하면서, 그리고 일반적으로 조각가로서 당신에게 도움이 될 수 있는 것에 아주 작은 부분만을 성취해낼 뿐이다. 나에게 연마라는 것은 날카로운 엣지를 가는 것만을 의미하지는 않고 그 밖의 다른 것이 있다. 즉, 내 공구들이 주는 최선의 다른 특성들이다.

열쇠는 여기에 있다. 그것은 미화된 쐐기일 뿐인 베벨의 모양과 관계가 있다. 이것을 올바르게 하려 주의를 기울일 때, 오래 경험이 있는 조각가조차도 자신의 공구의 기능성이 어떻게 증가하는지에 깜짝 놀랄 지경이다.

나는 새 조각용 공구를 살 때, 주문하는 것에 대해 생각한다. 단지 연마하기보다는 바로 사용하기 시작한다. 주문은 손잡이를 부드럽게 샌딩하고 칼날 정렬을 점검하는 것도 포함할 것이다. 내 책『목공구, 재료와 장비(Woodcarving Tools, Materials and Equipment)』에 조각용 공구 주문에 대해 광범위하게 언급하였다. 다음 글의 근거를 보완하고 확장하며 이해하는 데 그 책을 이용해라. 여기엔 기본사항만 다룰 여지가 있을 뿐이다.

# 정확하게 연마된 가우지

가우지부터 시작하자. 내가 말한 모든 것을 주의 깊게 시도하고 스스로에게 그 이점을 입증해라. 할 수 있는 한 최선을 다해서, 그리고 더 나은 이유나 필요가 없다면, 여기에 목표로 삼을 여덟 가지가 있다:

## 절삭날

1. 모서리 : 다음을 명심하라. 칼끝처럼 끼워 넣고 연결 부위를 정확하게 만들기 위해 모서리들 중 하나를 사용해봐라.
2. 모서리에서 모서리까지의 곧은 선 : 엣지는 구불거리거나, 가운데가 튀어나오거나(돌출부, 부리), 모서리가 돌출해서는(날개가 달려서는) 안 된다.
3. 직각인 날 : 빗끌만 예외이다.
4. 날카롭다! : 공구는 광낸 면에 스크래치 — 마감 표면처럼 남길 수 있는 자국 — 를 남겨서는 안 된다.

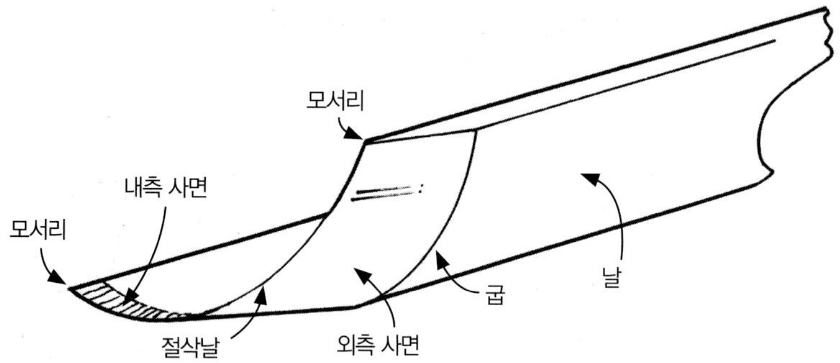


조각용 가우지의 조작 선단

## 외측 사면

5. 절삭각도는 15°에서 20 : 이렇게 낮은 — 문자 그대로 공구가 나무를 자르는 — 각도는 매우 중요하다. 나는 나중에 그것의 중요성과 찾는 법을 설명하겠다.
6. 평평함 : 굽에서 날의 끝까지 사면은 둥그러지거나 움푹 파여서는 안 되며, 어떤 부차적이거나 미세한 사면이 없어야 한다. 외측 사면이 약간 둥글어지면 컷에서 공구를 들어 올리는 데 도움이 되지만, 이런 둥글림은 낮은 절삭각도를 잡아먹어서는 안 된다.
7. 유연한 굽 : 절삭날은 굽 위에서 흔들리며 나무를 떠낸다. 굽이 조금이라도 둥글어지면 엣지가 컷에 들어가기 쉬우며 날의 압력이 남아 있는 면을 광낸다.

## 내측 사면

8. 약 5°에서 10°로 짧다 : 내측 사면은 다소 둥글어지고 날에 합쳐질 수 있다. 나중에 내측 사면의 중요성에 대해 설명하겠다.

# 절삭각도

가우지가 나무 위를 문지르는 절삭각도는 사면의 상태와 절삭날을 섬유질에 대는 방식에 따라 결정된다. 절삭각도가 높아짐에 따라 손잡이도 올라간다. 손잡이가 올라가면 조각공구에 대한 당신의 통제력도 줄어든다. 당신의 작업은 날을 따라 덜 나아가고 손잡이를 더 앞쪽으로 회전시킨다.

게다가 각도가 클수록 나무를 밀고 들어오는 금속의 쐐기도 커진다는 것을 뜻한다. 약 5°에서 10°의 내측 사면 각도는 대부분의 조각용 목재를 관통하는 힘과 용이성 사이에서 쐐기의 작동에 균형을 맞춘다. 나는 수강생들이 제조업자가 공구에 가한 45° 사면을 가지고 분투하는 걸 봐왔다. — 이 덫에 빠지지 말라.

깨끗하고 평평한 목재 위에 가우지의 움푹한 곳이 위로 향하도록 놓아라. 손잡이를 들어 올리면서 가우지를 천천히 앞으로 움직여라. 절삭날이 목재를 잡을 때가 절삭각도, 즉 가우지가 잘라내는 각도이다.

사진의 뒤쪽에 지나치게 높은 각도를 취한 새로운 공구가 있다. 이 가우지를 밀어내는 많은 작업은 손잡이를 전방으로 기울게 할 것이다. 앞쪽의 가우지를 밀어내는 힘은 더 효율적이고 더 많이 공구를 통제하면서 훨씬 직접적으로 날을 나아가게 할 것이다.

## 기억해야 할 여덟 가지

조각용 공구를 주문할 때 다음의 여덟 가지를 — 그것을 목표로 하면서 — 기억해라. 그 목록을 암기하자.

- 예리하게 날카로운
- 곧은 엣지
- 날과 직각이 되게
- 모서리가 존재할 것
- 평평한 외측 사면
- 절삭각도는 15°에서 20°로
- 그리고 유연한 굽
- 5°에서 10°의 더 낮은 내측 사면

# 내측 사면

내측 사면은 조각공구의 느낌과 수행능력을 대단히 유리하게 만든다. 사실 어떤 조각가들은 자신들의 가우지 안쪽에 사면을 두지 않고도 훌륭한 조각을 만들어내지만, 스스로 확신하는 최선의 방법은 두 개의 유사한 가우지(내측 사면이 있는 것과 없는 것)를 가지고 조각하는 것이다. 서로 비교해서 직접 결정해라.

내측 사면이 있으면 가우지를 거꾸로 하여 훨씬 더 쉽게 절삭할 수 있다. 사면이 없으면, 절삭날이 내측 사면의 굽 위에서 회전함으로써 올라오기보다는 급격히 목재 속으로 묻혀버리는 경향이 있다.

내측 사면은 전반적으로 사면 각도를 증가시켜서 날 끝을 강화시킨다. 차례로 이것은 외측 사면이 덜해질 수 있으므로 더 낮은 절삭각도를 고려한다. 더 깊은(급격한) 가우지로 내측 사면은 금속벽 사이의 참호처럼 생긴 통로에서 깎아 올리기를 용이하게 한다.

따라서 아래에 가로질러 보이듯이 조각용 가우지에는 아주 특별한 형상이 있다. 여기서 내가 말하는 어느 것도 전혀 정해져 있지 않다는 것을 정말로 명심해라. 하지만 다른 더 나은 이유나 목적을 찾지 못한다면, 이 형태가 당신이 목표하는 것이다.

## 지침

- 내측 사면의 각도를 아주 낮게 — 5-10° — 잡아라.
- 외측 사면을 다루기에 앞서, 내측 사면을 조각공구 주문에 추가하라.
- 가우지가 평평하면 할수록(즉, 숫자가 더 낮을수록) 거꾸로 더 많이 사용될수록, 내측 사면은 더 길어진다.
- 결국에, V자형 툴, 벤트 가우지, U자형 가우지는 내측 사면이 거의 필요 없다.
- 용감해라. 나는 내측 사면의 길이가 외측의 4분의 1까지 되는 걸 본 적이 있다. 어떤 내측 사면이라도 당신이 그 공구를 거꾸로 사용하는 것에 도움이 될 것이다. — 실험하고 그것을 증가시키도록 해봐라!

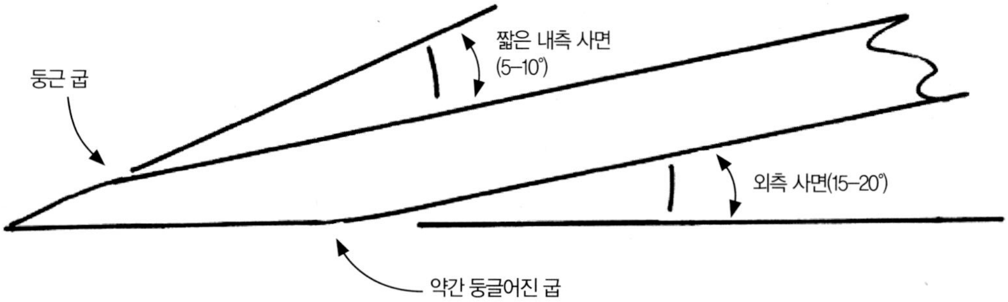


조각가용 가우지의 횡단면

## 사면의 이점들

1 보통의 벤치 치즐을 들고 나무의 모서리에 평평하게 대고 면을 깎아라. 그것은 부드럽고 완전히 평평해질 것이다. 이것이 바로 당신이 기대하고 원하는 것이다! 그 공구는 예를 들어, 장부이음에서 평평한 면을 깎는 데 사용된다.

2 이제 그 면에서 선단을 떠내보도록 하자. 공구는 흔들리며 보조를 맞추듯이 덜커덩 움직인다.

3 끝을 거꾸로 돌려서 깎는 면에서 빠져 나오도록 하자. 칼날이 사면의 굽에서 흔들리거나 회전하기 때문에 절삭날이 부드럽게 떠내진 면을 남긴 채 나무에서 솟아오르는 것을 즉시 볼 것이다(그리고 이것은 사면이 움푹한 바닥인지 아닌지에 다소 달려 있다). 사면의 이러한 방향성은 조각공구가 작동하는 방법에 훨씬 더 유사하다.

# 사면의 이점

1 한쪽 끝 방향으로 절삭각도를 유지한 채 가우지의 면이 안쪽으로 향하게 돌려 벤치스톤에 대라.

2 벤치스톤을 따라 이동하면서 날을 회전시켜라.

3 사면 전체를 구석구석 문지르면서 반대쪽 끝에 있는 스톱에 다가가며 날을 회전시켜라. 회전을 반대로 하면서 다른 쪽 끝으로 돌아와라.

4 슬립스톤으로 — 굽에 맞는 형태를 골라 — 타이트한 5–10° 각도로 내측 사면 주위를 앞뒤로 문지른다.

벤치스톤의 길이대로 치즐을 연마하라.

### 치즐과 V툴

조각 끌은 양측에 15-20°로 동일한 절삭각도의 사면을 지닌다. 그것은 사용자와 일치하는 방향의 벤치스톤으로 목공끌과 유사한 방법으로 연마된다.

빗끌은 날에 약 45° 각도로 절삭 끝을 갖도록 연마되고 또한 양쪽에 사면을 유지한다. 벤치스톤은 길이 방향으로 놓이고, 끌의 손잡이는 한쪽 끝이나 다른 쪽으로 각도를 지녀서 절삭 선단이 직각으로 따라 움직이고, 목공끌도 마찬가지이다.

V툴은 특정한 문제를 일으킬 수 있다. 내 책, *Woodcarving Tools*와 *Materials and Equipment Volume 1*의 정보 외에도, 내 웹사이트에 이용할 수 있는 단계별 가이드가 있다. 자선기고한 'V툴 선택과 연마(Selecting and Sharpening your V-tools)'라는 사이트에서 무료로 다운 받을 수 있다.

## 요약

일단 정확하게 연마된 가우지로 조각의 재미와 효율성을 경험하면, 더할 나위 없이 만족할 것이다.

이 장에서는 조각가에게 날카로움만이 실제로 충분하지는 않다고 주장하고, 외측 사면의 정확한 절삭각도와 내측 사면의 이점에 대해 강조하면서 당신의 조각공구를 연마하는 데 중요한 요약을 했을 뿐이다.

이것은 수년에 걸쳐 내가 가르쳐왔지만 개량하지 않은 방법이다. 당신의 작업을 더 좋게 해주는 그 밖의 어떤 것이라도 찾으면, 그것을 이용해라. 어쨌거나, 공구가 조각하는 동안 결국 중요한 것은 당신이 조정하고 당신의 조각품에 생명을 불어넣는 방법과 그 뒤에 있는 당신의 마음이다.

# 목재 이해하기

목조각가는 다른 어떤 목재공예가보다도 더 많이 나무결 — 목재의 섬유소가 정렬하고 작용하는 방법 — 을 이해한다. 이는 정교한 문자가공에서 거대한 추상 조각까지, 작은 네츄케에서 전동 체인쏘로 자른 나무까지, 만들 수 있는 목조각의 무수한 다양성 때문이다. 조각가는 목재 전반에 아주 단순하다. 그들은 움푹한 곳을 파고 구멍을 뚫고 때로는 나뭇결과 어긋나게 성공적으로 조각하면서 모든 각도에서 목재를 다룰 때, 목재에 서로 다른 반응을 요구한다.

조각에 신참자는 종종 재료로서의 목재의 즐거움에 끌리지만 나뭇결 자체를 가지고 하는 작업에 일종의 신비감을 느낀다. 실제 그것엔 어떤 신비로운 것이 없으며, 조각가마다 같은 방법으로 — 많은 물건을 조각하고 무슨 일이 생기는지 알고 경험으로 배움으로써 — 시작한다.

하지만 당신은 날카로운 가우지와 목재 조각을 가지고 의도적으로 몇 가지 실험을 하여 나뭇결을 이해하는 데 도움이 될 수 있다. 단지 재미있게 탐험해라! 일련의 상황에서 슬라이스와 컷 만들기의 차이를 탐구해라. 나뭇결을 따라, 섬유소를 따르고 거슬러서, 다른 각도로 나뭇결을 가로질러, 나뭇결 쪽으로, 기타 등등. 다른 목재는 어떻게 작용하고 왜 그럴까? 몇 가지에 주목하라. 옹이 주변에서 어떤 일이 발생하는가? 그것을 해결하려 해보라. 당신 앞에 있는 목재 조각이 어떻게 원래의 나무 자체와 관련이 있는가?

일반적인 조각 원칙처럼, 당신이 목재를 조각할 때는 발생하는 것에 재빠르고 총명하게 반응할 필요가 있다. 예를 들어, 결에 어긋나게 가고 섬유소가 찢기고 있다는 것을 알아차린다면 … 멈춰라! 계속하지 말라. 다른 어떤 것을 시도하라. 가령 단지 밀어대기보다는 잘라내는 컷으로 전환함으로써 섬유소가 더 성공적으로 절단되는 것을 알게 될 것이다. 그리고 나서 다시 단순히 컷의 방향을 바꾸어야 한다. 어떤 방향으로 결에 어긋나는 것은 항상 반대 방향에 결이 있을 것이다.

그리고 섬유소의 문제를 다루는 보배로운 기법을 잊지 말라. 그것은 슬라이스로 결을 가로질러 절삭하는 방법이다(p.96의 Chapter 8 '배경 평탄화하기'를 보라).

Chapter 3

# 캐스트 받치기

다른 모든 것과 똑같이 조각은 맥락으로 생긴다. 달리 말하자면 당신이 하고 있는 것, 실제로는 당신이 할 수 있는 것에 직접 영향을 주는 기존의 주변 환경이 있다. 이는 당신이 조각하고 있는 공간, 그곳의 빛, 그리고 그곳의 분위기, 당신이 서 있는 작업대와 그 높이, 작업대 주위로 움직일 수 있는 용이성, 당신이 고른 목재와 그것을 유지하는 방법, 어떤 조각공구를 보유하고 있는지, 준비나 마무리를 도울 수 있는 다른 어떤 공구를 가지고 있는지 등등을 포함할 것이다.

조각가로서 당신 주변의 이런 측면을 고려하지 않는 것은 잘못이다. 조각은 있는 그대로 매우 어렵다는 것이 나의 생각이다. 그래서 당신은 가능한 모든 것이 자신에 이롭고, 있을 수 있는 자신의 최상의 작품을 만들어내도록 격려하기를 원한다. 그리고 이것은 모든 잡동사니를 가지고 당신이 작업하는 환경 전체를 포함한다. 정말로 그것은 당신이 치즐을 목재에 대기 바로 전에조차도 사고방식을 바르게 갖는 것이다.

나의 책 *Woodcarving Tools, Materials & Equipment Volume 2*에서 당신은 훨씬 더 많은 정보를 찾을 것이다. 여기서 나는 단지 조각가의 세계에서 지지요소에 관해 중요한 몇 가지 요점을 강조하고 싶을 뿐이다.

목조각가의 필요를 충족시키는 가치 있는 시도인 Sjöberg의 유용한 전용작업대.
초보자는 종종 특별한 작업대의 가격이 무리라는 것을 알게 된다. 이 장에서 우리는 당신의 필요에 맞고 당신이 목조각가로 발전할 때 적합할 수 있는 기본적인 워크스테이션에 관해 더 많이 고려한다. ≫

# 작업장

몇몇 학생들은 전기도 없는 축축하고 추운 정원 헛간에서 시간 보내기를 싫어하는 것이 그들의 조각하지 않는 것과 아무 관련도 없는지에 대해 얼마나 궁금해하는지 계속 놀란다. 또는 등 뒤에 천장 형광등만이 비치는 주차장의 어두운 구석에서 작업하는 것이 뜯긴 나뭇결을 왜 볼 수 없는지와 어떤 관련이 있는지….

내가 말했듯이 우리는 받을 수 있는 모든 도움을 필요로 한다! 물론 당신은 전용 공간의 호사를 누릴 수 없을지도 모르지만, 어디서 조각을 하든, 당신은 그 안에 있고 싶어 하고, 그곳이 당신이 하고 있는 것을 방해하기보다는 향상시킨다는 것을 안다.

## 환경

어디에서 조각하든지, 당신의 환경을 조정하는 것에 대해 생각하라. 당신은 지나치게 따뜻하거나 춥지 않고, 당신이 시간을 보내고 싶어 하는 곳의 공간을 즐기면서 느긋하고 안락함을 느껴야 한다. 만약 당신이 서 있다면, 발을 편안하게 해줄 고무매트에 대해 생각해라.

## 공구 보관

당신이 사용하는 공구는 작업구역에서 가장 가까이에 두어라. 거의 사용하지 않는 것들은 가장 멀리 보관해라. 서랍은 공구를 안전하고, 분명히 구별되며, 필요시 즉시 사용 가능하도록 두어라. 이러한 장기간의 보관은 공구 롤보다 작업장에서 훨씬 더 좋다. 만약 공구 롤만 가지고 있다면, 당신의 조각공구 모두를 함께 꺼내서 당신의 작업 표면 위에 놓아라. 그것을 당신이 조각하는 시간에 사용하라. 공구는 모두 함께 치워라.

## 조명

목공에서는 빛과 그림자가 중요하다. 당신 작품을 색칠하지 않을 거라면, 그 밖에 무엇이 있을까? 조각가가 다뤄야 할 유일한 것은 깊이다. 당신이 하고 있는 것을 보는 데 적절한 조명이 필요할 뿐만 아니라 빛이 삼차원의 작품에 비추는 방식이 바로 목공의 핵심이라는 것을 이해해야 한다. 조각하는 데 자연광이 항상 가장 좋다. 나는 수많은 조절 가능한 조명을 가지고 있다. — 그런데 대부분은 값싸고 즉시 사용 가능하다.

단순하고 얇은 깃털 조각 : 색칠하지 않고, 인두로 지져 그리지도 않고, 당신이 무엇을 쳐다보고 있는지 말해주는 그림자와 하이라이트를 만들며 한쪽에서 비춘 교차 광선만 있을 뿐이다.

카메라 플래시로 그림자가 사라진 동일한 깃털 : 단조롭고 판독하기 어렵다.

# 작업대

다른 데서 — 심지어 내가 쓴 책에서조차! — 당신이 어떤 안내서를 읽었다고 해도, 목조각가의 작업대에 어떤 표준이 되는 사이즈와 높이, 또는 모양조차도 없다. 조각은 크기와 모양이 매우 다양하므로 당신이 똑같은 형태의 작품을 고수하고 있지 않다면, 그 조각을 유지하는 수단을 계속해서 조정하고 재고해야 한다.

먼저 벤치를 가지고 조각을 그것에 맞춰야 한다고 생각하는 대신에, 당신의 조각과 무엇이 필요할 것인지에 대해 더 많이 생각해라. 비록 나는 조각용 작업대 — 벤치 — 를 실제 가지고 있지만 그것은 거의 항상 그 밖의 무엇인가 — 기둥, 경사진 표면, 조정 가능한 바이스 등 — 를 잡고 있기 때문에 벤치 작업대보다는 워크스테이션에서 조각하는 것에 대해 생각하기를 선호한다.

실제로 당신이 마음에 두고 있는 작업의 종류에 대한 아이디어가 필요하다. 그런 후에 적합한 작업대를 지어라. 물론 당신이 시작할 때 무엇을 할 것인가 아는 것은 어렵다. 따라서 반드시 당신이 계속할 수 있는 튼튼한 테이블과 같은 것을 만들어라. 그렇지만 나는 당신이 아이디어로 '벤치'에 사로잡히지 않기를 강력히 제안한다.

조각을 하기 위해 어떤 작업용 대를 가지고 있을 지라도 다음의 세 가지가 중요하다.

- 조립
- 높이
- 조정 가능성

## 조립

비록 적절한 조인트가 의심의 여지 없이 최고일지라도, 조각용 벤치는 목재 조각을 단순히 볼트와 나사로 조임으로써 성공적으로 조립될 수 있다. 이것은 목재 작업 능력, 수단, 또는 흥미를 지니지 않은 사람들에게 좋다. 가구회사에 사이즈에 맞게 미리 재단된 목재를 주문하고 직접 벤치를 조립해라.

## 높이

당신이 조각하는 높이가 가장 큰 문제다. 만약 작업하는 동안 불편을 겪는다면, 가능한 한 등을 곧게 펴고 조각할 필요가 있다. 보통 당신의 벤치나 워크스테이션이 전통적인 목공 벤치보다는 좀 높다는 것을 의미한다. 만약 마술지팡이를 가지고 있다면, 공간에서 어디에 당신의 작품을 배치하고 싶은지 생각하고, 그런 다음 당신의 벤치 상단의 높이가 되므로 그 작품을 너무 낮게 두기보다는 그 높이에서 거기에 그것을 고정시킬 수단을 찾아라. 조각하는 것은 꽤 지루할 수 있다. 자주 쉬고 스트레칭하고 이리저리 움직이고 신선한 공기를 마시는 것이 당신 작업을 더 오래, 더 기운차게 하도록 도와줄 것이다.

## 조정 가능성

수년간에 걸쳐 나의 기본 벤치에 덧붙인 다양한 조정할 수 있는 옵션들로 마무리 지었다. 하루 일과가 끝나면, 당신은 특정한 프로젝트에 적합한 것을 준비하고 바꿀 수 있어야 한다.

# 고정장치

전통목공은 조각가가 종종 양손 모두 능숙하게 다루면서 양손으로 공구를 잡는 것을 요구한다. 어떤 예외가 있지만, 주요부에서는 조각가의 양손이 조각공구를 붙잡는다. 그래서 우리는 목재를 고정하는 장치를 필요로 한다.

게다가 폭넓은 조각의 형태와 크기는 어떤 것들이 한 프로젝트에 적합하고 다른 것들은 또 다른 것에 알맞은 많은 방법의 고정시키는 작업이 있을 것임을 뜻한다. 고정장치는 그 범위가 값싸고 단순한 폐목재조각에서 비싸고 조절 가능한 클램프까지 있다. — 적합하면 할수록 더 좋다. 많은 초보자들은 자기 작품을 고정하는 어떤 특별하고 값비싼 방법도 없이는 좋은 작업을 성취할 수 없다고 생각한다. 몇몇 최신 장치들은 실제 많은 장점을 가지고 있지만, 이 공예가 얼마나 오래되었는지, 그리고 과거에 조각가들은 어떻게 작업을 해왔을 것인지를 떠올려보기만 해라. 정말로 당신은 많은 것을 필요로 하지 않는다. 당신이 사용하는 것이 무엇이든지, 어떤 원칙들은 당신이 조각할 목재를 고정시키는 방법에서 변하지 않는다.

## 확실한 고정

당신이 작업하는 동안 조각품이 아니라 공구만 움직인다. 섬세한 단계에서 작품의 갑작스런 기울음이나 이동은 재앙이나 마찬가지일 수 있다.

## 접근 가능성

고정장치는 당신이 조각하기 원하는 영역에 닿게 해주어야 한다. 보통 이것은 진행되는 일을 알맞고 빠르게 조정하는 어떤 방법을 뜻한다. 구경꾼에게는 흥미롭지만, 아주 힘든 요가와 같은 자세를 요구하는 것은 성공적인 조각에 이롭지 않으며, 그것은 당신이 작품을 고정하고 있는 방법을 재고해야 하는 신호이다.

## 안전

그 장치가 잠재적으로 당신이나 당신의 작품을 해치지 않는 것이 매우 중요하다.

펜스로 고정된 나무블록(벤치 상단이나 조각판에 나사나 못으로 박혀 둘러싸고 있는 나뭇조각)과 쐐기(5–10°). 쐐기를 바깥쪽으로 두들겨서 작품을 돌릴 수 있다.

## 고정장치 선택

앞으로 한 가지 종류의 것만 조각하려 한다면, 당신은 그것을 고정하는 한 가지 (성공적인) 방법을 필요로 할 뿐임을 명심하면서, 그냥 내 고정장치의 정예부대를 언급하겠다.

목재의 자투리 : 좋다! — 펜스와 쐐기, 목수의 바이스로 죄어진 기둥, 양면테이프나 풀과 종이 등등으로 작품을 부착시킬 수 있는 보드판을 가지고 당신이 무엇을 이룰 수 있는지 놀랍다.

C자형 클램프 : 당신이 어디 출신이냐에 따라 이 클램프를 C자형이나 G자형 클램프로 알고 있을 것이다. 클램프는 여러 면에서 유용하다. 바와 토글이 달린 조임 레벨을 따라 미끄러지는 하부척이 달린 더 크고 민첩한 유형은 단순한 나삿니가 달린 캐스트 타입보다 훨씬 더 실용적이다.

조각가의 스크루 : 최고인 목조각가의 두 가지 스크루는 나뭇결을 따라 삼차원적인 작품을 고정하도록 고안된 Stubai 제품과 나뭇결을 거슬러 더 작은 작품을 고정하는 Veritas 제품이다. 당신은 이 책에서 나중에 이것들이 쓰이는 것을 보게 될 것이다. 목조각가의 스크루를 가지고 부조와 원형 작품 모두 고정시킬 수 있다. 조각가의 스크루는 심플하고 우아하며, 많은 고정문제의 해결에 있어 종종 과소평가된다.

# 다른 공구와 장비

조정 가능한 클램프와 바이스 : 당신은 이 장치들을 특정 목적에 응용할 수 있고, 거의 거저로 쓸 수 있다. 이런 융통성은 성공적으로 당신의 목공품을 가지고 고정하고 작업하는 데 주요한 요소이다. 하나로만 시작하고 그것을 목재를 사용하여 플랫폼 등을 조립하는 데 출발점으로 여겨라(아래 사진을 보라).

조정 가능한 고정장치(Stretton 제품) : 볼이 인테그랄 스패너에 의해 회전하고 잠긴다.

이 시스템은(Woodcarvers Supply Inc 제품) 작업대에 볼트로 조여질 수 있다. 금속판을 출발점으로 보고 사진에서처럼 그것에 적절한 나뭇조각을 고정시키는 것이 최선이다. 조각은 보드판의 끝에 앉히고 조각가의 스크루로 고정되어야 한다.

전통적인 공구 외에도 목조각가는 보통 초기나 나중 단계에서 작업을 보조하기 위해 작업장에 다양한 다른 공구들을 보유한다.

## 큰 장비

조각가로서 나는 초기단계에서 목재 준비에 필수불가결한 밴드쏘와 드릴프레스(영국에서는 필러드릴이라 함)를 찾는다. 당신은 실제로 그것들을 소유할 필요는 없다. — 누군가는 그것들을 소유한다는 것만 알아라.

## 목공용 수공구

두 가지 오래된 애장품인 바퀴살 대패와 소형 가구제작용 나무줄로 나무의 형태를 만드는 데 쓰이는 본래의 용도 외에도, 때때로 나는 내 조각공구로 다시 시작하기 전에 조각품에서 아리송한 조각 표면을 정리할 것이다. 더 빨리 나무를 제거하거나 형태와 표면의 정리를 위해서 조각공구와 더불어 탠덤차(직렬식기계)에서 톱, 바퀴살 대패, 그리고 나무줄을 사용하라.

## 전동공구

조각가에게 플런징 라우터(plunging router)와 지그쏘(jigsaw)는 깊이 박거나 폐목재를 제거하는 데 특히 유용할 수 있다. 그러나 전동공구 사용이 일종의 사기는 아닐까? 내가 전통적인 조각공구로 내 조각유형을 마무리할 것이지만, 내 작업에 탐탁지 않게 나서지 않고 더 빨리 이 핵심에 도달하게 도와주는 어떤 것이라도 정당하다는 것이 내 대답이다.

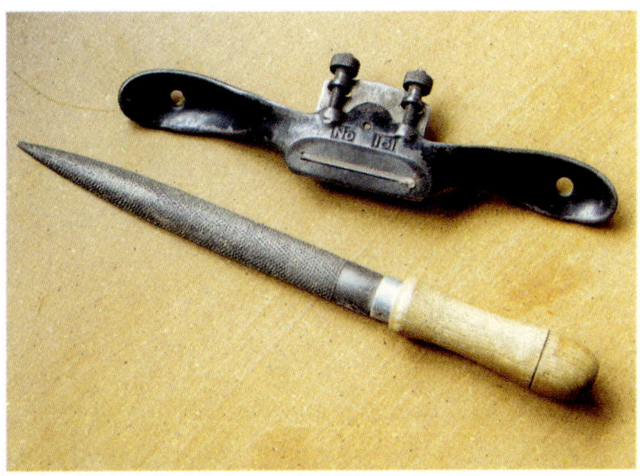

항상 옆에 두고 있는 기본적인 목공구 : 나무줄과 바퀴살 대패

# 목재

전통적인 조각용 목재는 실제로 꽤 무디고 아무 영감도 주지 않는다. 왜냐고? 조각은 빛과 그림자가 중요하기 때문이다. 그리고 조각가는 목재가 자신의 입체 형태에 혼동을 주거나 지배하는 것을 원하지 않는다. 만약 작품의 아름다운 선과 형태가 두드러진 무늬로 위장되어 있다면, 표면, 고전적인 아칸사스 잎, 또는 고딕양식의 트레이서리는 무엇을 잃을 것인가? 실제로 당신은 빛과 그림자가 다른 어떤 것보다도 잘해야 온화한 무늬의 나무 위에 있는 모든 것이라는 구상적이거나 전통적인 방법으로 조각할 수는 없다. 전통조각에서 나무는 조각가의 기술을 위한 매개체이며 그 자체로는 역할이 없다. 가장 큰 실수는 진한 무늬가 있는 나무에 초상 두상을 조각하는 것인데, 결국에는 당신의 작품 얼굴에 어떤 숨겨진 피부병처럼 보이는 것을 부여했음을 알게 된다. 반드시 당신이 나뭇결을 두드러지게 할 계획이 있는 곳 — 추상조각이나 목재 선반가공에서 보는 넓고 단순한 표면 — 에는 흥미로운, 하지만 강한 나뭇결은 위장망처럼 실제로 조각의 효과를 손상시킬 수 있음을 기억해라.

여기 참피나무에 스타팅 블록(출발대)이 있다. 나뭇결은 꽤 온화하고 조각들이 조심스럽게 맞춰지고 꼼꼼하게 접착되어 있어 조각해낼 때 이음새가 돌출되지 않는다.

## 목재 비용

시간에 비례하여, 조각에서 목재 가격은 1% 이하일 것이다. 당신이 그 목재에 투자하고 있는 온갖 시간과 노력에 대해 생각하고, 그 일을 위해 할 수 있는 한 최상의 목재를 얻는 것 외에는 아무 의미가 없다고 다짐해라. "기와 한 장 아끼려다가 대들보 썩히지 마라."

## 이상적인 조각용 목재

무엇이 전통적인 작업에 맞는 이상적인 조각용 목재를 만드는가? 그것은 잘 건조 — 인공건조보다는 주위 습도로 공기건조 — 되어 옹이와 갈라짐이 없어서 터지지 않으며, 곧고 예측 가능한 결이 있고 최소한의 무늬를 지닌 동일한 색상과 중간 밀도를 가진 것(가령 회양목과 소나무의 중간 정도)이다. 온화하거나 무시할 수 있을 정도로 문양이 있는 목재의 또 다른 장점은 더 큰 스타트대를 만들기 위해 그것의 보드를 따로따로 이을 수 있는 능력이다.

유럽에서 대부분의 조각은 역사적으로 유럽산 린덴목재, 참나무, 남아메리카 마호가니(현재 가장 근접한 것이 브라질산 무늬 개량종)를 사용해왔다. 미국에서는 참피나무(아메리칸린덴), 가래나무(버터너트), 디에라(젤루통), 그리고 호두나무(월넛)가 가장 유력한 후보자이다. 이 나무들은 목재가 가우지에서 흘러내릴 수 있게 어느 정도로 결에 대한 개방성을 가지고 있다.

## 공급처

당신은 어디서 조각하기 좋은 목재를 구하는가? 당신이 사는 지역의 조각가와 클럽에 문의해라. 조각 잡지에서 공급자를 알아봐라. 대부분의 조각은 비교적 작은 나뭇조각으로 만들어진다는 것을 기억하라. 따라서 지역 최고의 소목장이나 목재세공사에게 자르고 남은 자투리를 부탁하는 것을 잊지 마라.

## 보관

당신의 목재를 건조하고 직사광선이 미치지 않게 하고 판재 사이에 공기가 순환할 수 있게 간격을 두고 보관하라. 원칙적으로는, 앞으로 그 목재가 필요할지를 알면, 그것을 준비하여 되도록 오랫동안 순응시키기 위해 당신의 작업장으로 가져와라.

## 배경 아이디어와 디자인

목조각에는 세 가지 요소가 있다. 만들어지는 나무, 가지고 만드는 공구(그것을 사용하는 테크닉), 그리고 디자인이다. 이전에 나는 목재에 대해 언급했고 공구들의 측면은 되풀이되는 주제일 것이지만, 디자인은 아니다. 당신이 만들고 있는 것의 디자인이나 개념과 의미에 대해 내가 뭐라고 말할 수 있는가?

그것만이 확실히 가장 중요한 요소이다. 당신의 목재 또는 당신의 작업솜씨가 아무리 아름다울지라도, 당신의 디자인이 따분하고 불균형적이거나 — 감히 말해서 — 형편없다면 그 조각은 실패작이다. 반대로, 일류 디자인은 항상 불완전한 테크닉이나 결함 있는 목재를 수반할 것이다.

**그러므로 당신이 창조적이고 싶고 단순한 모방자는 되지 않으려면 아래와 같이 하라.**

- 당신의 목공 디자인 측면과 그것이 어떻게 관람자와 작용하고 소통하는지에 전적인 관심을 가져야 하고
- 목재를 염두에 두고 디자인해야 하며
- 당신의 능력 안에서 디자인해야 한다.

연마와 나뭇결 다루기와 더불어 조각의 이런 측면이 아직 많은 학생들을 질겁하게 하는 또 다른 것이다. ("나는 예술적이지 않아!", "나는 드로잉을 할 수 없어!") 비록 예술성은 타고난 재능이라는 요소를 지니는 것 같지만, — 우리는 모두 다르게 연결되어 있다. — 우리 모두 틀림없이 기르고 개발할 수 있는 예술적 기교의 씨앗을 어느 정도 가지고 있다는 좋은 소식이 있다.

우리 모두는 성공할 만큼 훌륭하지 않을 거라 걱정하듯이, 자기의심을 하고 있는데, — 나를 믿어라. — 목조각을 가르치는 수년 동안에 작품을 할 때 자신의 디자인 감각, 시각적 판단 능력을 눈에 띄게 성장시키지 않은 학생을 만난 적이 없었다.

작업할 때 내가 제안할 수 있는 최고의 방법은, 당신이 할 수 있는 한 많이 드로잉하고 모델링하고(내 책 *Woodcarving Tools, Materials & Equipment Vol. 2*를 참고하라), 다음 세 권의 책을 갖춰라.

### 스크랩북

당신이 흥미로워 하는 분야에서 보는 어떤 것이라도, 주제 그 자체이거나 누군가의 설명 등을 담는 잡동사니 주머니. 책 페이지의 사진 복사나 웹사이트에서 인쇄한 그림에 꽂히고 잡지사진을 찢어 내는 버릇을 들여라.

### 노트북

당신의 노트북 — 어디에나 가지고 다니는 일지 — 에는 아이디어와 생각을 담는다. 당신이 시도해보고 싶은 기법을 왜 다루는지, 아니면 왜 그렇지 않는지 등 등의 당신이 본 조각품들에 대한 논평을 적는다. 구별하거나 편집하지 말라. 그냥 그 안에 적어라.

### 스케치북

스케치는 빠르고 격식을 차리지 않는 도안이다. 아마도 몇 개의 음영이 덧붙여진 묘사적인 노트이다. 나의 스케치는 종종 쓰인 메모나 인상도 포함한다. 우리는 갤러리 수준의 드로잉이 아니라, 가령 당신이 보았던 디테일이나 당신이 가진 아이디어의 사적인 추억을 말하고 있을 뿐이다.

## 준비

나는 조각가가 무엇을 하고 있는지에 대한 최소한의 생각도 지니지 않은 많은 조각을 보아왔다. 적절한 조사나 준비도 없이 시작된 조각들. 당신이 무엇을 조각할지라도 기억해라. 당신은 아무리 많이 준비해도 지나치지 않지만, 너무 적게 준비할 수는 있다. — 그럴 경우 당신의 조각은 힘들 것이다. 조각은 당신이 나무에 끌을 댈 때가 아니라, 구상과 잇따르는 디자인으로 오래전에 당신의 마음속에서 시작한다.

# 그립 시작하기

절삭날은 나무의 섬유질을 절개하고 비틀어서 목재를 자른다. 절삭날 뒤에는 칼날이 있고 그것에 뒤따라 핸들이 있다. 그 뒤에 공구의 방향에 힘을 주고 조절하는 당신의 양손이 있다.

그렇게 조각은 만들어지기 시작한다. 당신의 손은 절삭의 전 과정 — 칼날이 실제로 하는 것 — 에 힘을 주고 감독한다. 당신이 공구를 쥐고 조작하는 방법은 당신이 원하는 결과물을 얻는 데 결정적이다. 크리켓, 야구, 테니스나 골프의 훌륭한 선수 누구에게나 물어보면 그들은 올바른 그립의 근본적인 중요성에 대해 당신에게 말해줄 것이다. 그것은 목조각과 다르지 않다.

초보자는 효율적인 그립을 끼우는 것이 필요한데, 그것은 또한 적응할 수 있고 안전하며 편안한 것이어야 한다. 당신은 이것을 어떻게 하는가?

나와 함께 지내온 학생들은 내가 다음 장에서 설명하는 두 가지 기본 그립들 중 하나로 조각공구를 쥐라고 잔소리를 할 정도로 요구한다는 것을 알고 있다. 꽤 특별한 이 그립들은 다른 환경에 즉시 적응할 수 있어서 내 조각의 99%에 그것들이나 그것의 변형체를 사용하고 있다.

만약 당신이 초보자라면, 습관화될 때까지 이 그립들을 고수하고 철저히 그 가능성을 탐구해야 한다고 강력히 주장하고 싶다. 이것은 당신의 공구를 다루는 것에 관한 완벽한 스토리는 아니지만, 당신이 출발하는 곳이어야 한다.

일단 조각공구를 잡는 형편없는 방법들이 습관으로 배면, 그것을 포기하기는 어렵다. 당신이 이미 조각하고 있다면, 당신의 습관적인 패턴을 치우고 내가 추천한 그립을 철저히 시도해보도록 부탁한다.

Chapter 4

# 조각공구 다루기

우리는 날카롭고 정확한 절삭각도에 맞춰 적절하게 개조된 절삭날을 가지는 것이 얼마나 중요한지 보아왔다. 그러나 목조각에서는 이 놀라운 공구가 당신을 위해 작동하도록 하는 것이 가장 중요하다. 비록 이것이 그 공구를 가지고 작업하는 당신으로 표현하는 것이 더 좋을지라도.

내가 말렛 없이 조각하는 내내 실용적으로 사용하는 두 개의 그립을 설명하겠다. 멋진 조각기법은 두 가지 특징으로 안전과 조절력이 있는데, 모두 이 두 그립으로 증명된다. 나는 조각의 특정 상황에서 내가 무엇을 하고 있느냐에 따라 이 두 그립 중에서 어느 하나을 사용하고, 내가 조각하면서 생각도 없이 이것들 사이에서 두 손의 위치를 계속 바꾼다.

대부분, 나는 나무표면에 낮은 각도로, 가령 45° 이하로, 조각할 때 첫 번째 그립을 사용한다. 나는 이것을 낮은 각도 그립이라 부르겠다.

비록 공구가 당신에게서 떨어져서 있을 때 당신의 손이 낮은 각도에서 이 그립으로 조각하는 데 적응할 수 있음을 알게 될 것이지만, 나는 나무표면에 높은 각도로, 예를 들어 45° 이상으로, 조각할 때 두 번째 그립을 쓴다. 나는 이것을 높은 각도 그립이라 부르겠다. 다른 곳에서 나는 그것을 '펜과 단검'이라 불렀지만, 사람들이 몇 가지 꽤나 놀라운 — 조각의 관점에서 보면 도움이 되지 않는 — 방법으로 그 펜을 쥐기 때문에 이것이 훨씬 덜 유용하다는 것을 알았다.

적절한 공구의 컨트롤은 당신이 원하는 방법으로 나오는 컷을 만들어내는 데 아주 중요하다. ≫

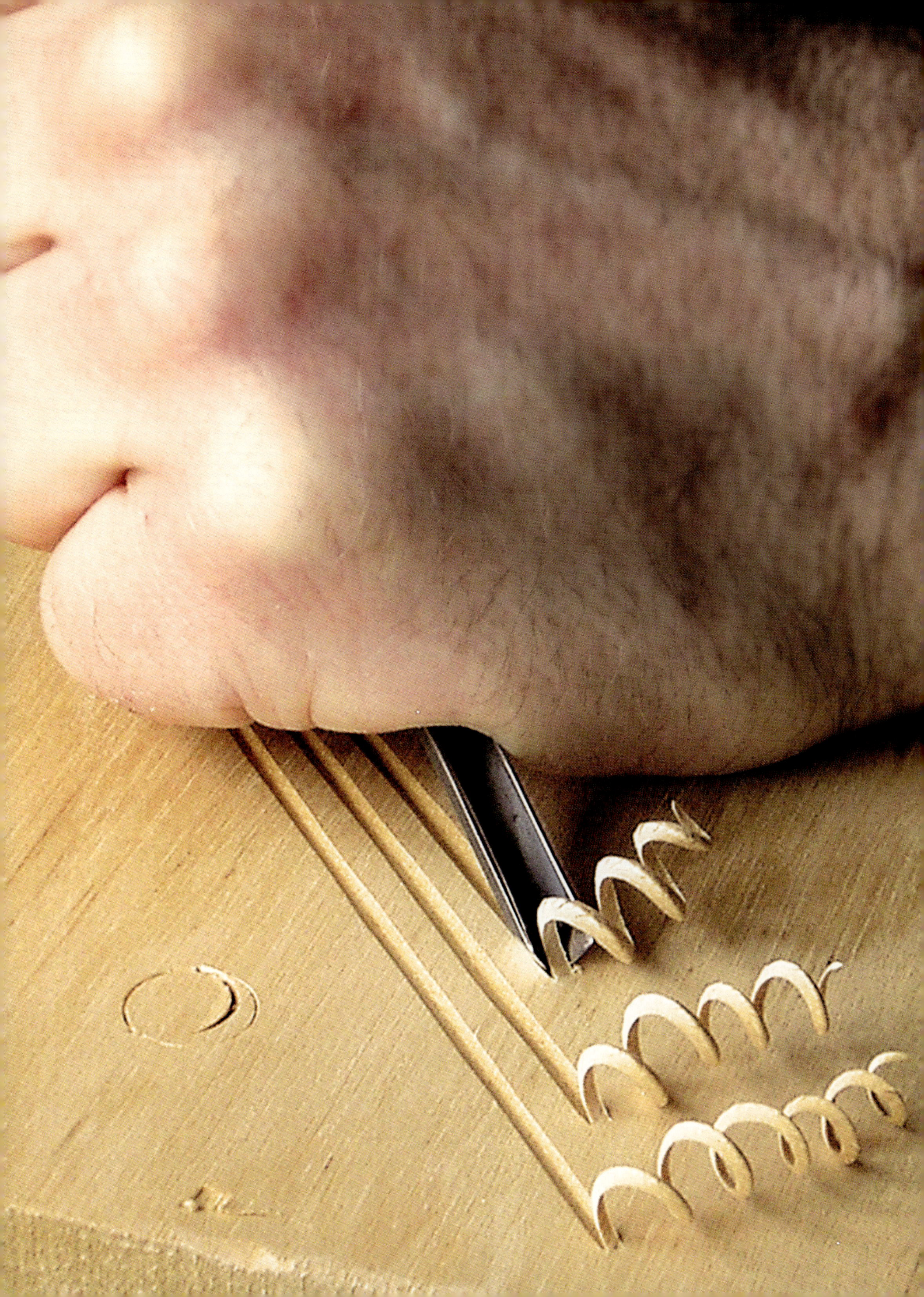

# 훌륭한 두 가지 조각용 잡기 방법 저각도로 잡기

나는 여기서 낮은 각도와 높은 각도 그립의 기본적인 것을 설명하겠다. 하지만 우리의 손과 근육이 통제할 수 있는 모든 것은 독특하므로 당신이 얻은 것을 가지고 주물러야 하며, 물론 이러한 공구 다루는 방법이 습관화될 때까지 연습해야 한다.

연습을 위해 조각이 가능한 나무의 깨끗하고 평평한 판재를 사용하라. 우선, 나뭇결을 가로질러 작업해라. 그러면 톱밥이 단순히 떨어져 나가는 것을 알 것이고, 당신이 나무섬유질 방향으로 작업할지 거슬러서 할지를 걱정할 필요는 없다.

## 두 가지 그립의 황금법칙

양손은 조각공구 위에 있다. 하나는 핸들(손잡이의 손)을, 다른 하나는 어떤 형식으로 칼날을 쥐고 있을 것이다(칼날 손).

두 손은 함께 일한다. 만약 당신이 한 손을 사용하고 그것에 집중하고 있다면, 당신은 부분적으로 통제하고 있을 뿐이다.

칼날 손의 어떤 부분은 당신이 하고 있는 것을 통제할 능력을 크게 증가시키면서 당신의 나무 위에 (혹은 아마도 벤치 위에) 놓인다.

낮은 각도 그립

특히 당신이 팔꿈치를 안쪽으로 유지하고 체중을 싣는다면, 낮은 각도의 그립 뒤에 많은 힘을 쏟을 수 있다. 당신은 이러한 그립이 연속적인 컷(p.58), 낮추어서 나무를 없애는 작업(p.119), 표면을 부드럽게 다듬는 작업(p.96)에 설명된 것을 볼 것이다. 당신이 이런 방식의 그립으로 작업하도록 강력하게 권하는 두 가지 습관이 있다. 짧은 컷 위에 엣지를 슬라이스하는(p.61) 것과 약간의 양손잡이 능력을 기르는 것이다.

### 그립

- 한 손으로 칼날이 손잡이와 연결되는 곳에서 공구를 꽉 잡아라. 대부분의 조각공구에서 이것은 페룰(덮개)과 숄더(어깨부분)를 가로지를 것이다. 따라서 당신의 새끼손가락 끝은 칼날의 어떤 부분을 잡고, 엄지의 끝은 손잡이의 일부분에 근접한다.
- 엄지손가락을 손잡이를 따라 뻗어서 칼날 손이 가지는 공구에 대한 지배력을 증가시켜라.
- 이제 칼날 손의 굽은 나무 위에 놓인다. 종종 나는 내 팔뚝 전체도 나무 위에 놓이는 것을 느낀다.
- 다른 손은 편안하게 느끼는 어떤 방법으로든 손잡이를 쥐어라. 이 손이 밀어내기를 할 것이다.
- 여기에 조절하는 비법이 있다. 핸들 손으로 공구를 미는 동안, 다른 칼날 손으로 전진운동에 저항해야 한다. 그래서 공구를 전진하는 동안 양손 사이에는 밀어내는 힘과 버티는 힘 사이의 균형인 장력(텐션)이 있다. 양손은 전진운동과 컷의 형태를 조절하기 위해 협업한다. 그 힘의 차이가 공구를 마음대로 출발하고 멈추며 통제되는 방법으로 전진하고 잘라낼 수 있게 한다.
- 팔꿈치를 붙이고 컷을 따라 움직이도록 몸을 사용해라. 실제로 당신이 바닥에서 작업하고 있다고 생각해라.

## 안전

절삭날 부분만 날카롭다. 그 밖의 다른 모든 것은 그렇지 않다고 보면 된다. 그러므로 당신의 손과 손가락, 그리고 신체부분을 그 날에서 떨어지게 해라. — 작업하는 동안에 그 뒤에 두어라. — 그리고 날이 움직이고 있을 때는 꼭 당신의 신체 일부라도 방해하지 말아라.

공구날이 당신 쪽으로 향하게 당신의 벤치 위에 일렬로 두는 습관을 들여라. 당신은 손잡이가 당신 쪽으로 향하도록 선택할 수 있지만, 만약 손잡이가 모두 똑같다면 공구의 배열이 반대로 지어지고 칼날이 가장 가깝게 있을 때 서로 다른 공구를 고르는 게 덜 혼란스럽다고 느낄 것이다. 이런 벤치 규칙은 공구를 집어 드는 것을 더 안전하고 더 빠르게 해주며 날끝 손상으로부터 보호한다. 당신은 정상적으로 날카로운 날 앞쪽에서 어느 정도 위로 작업하고 있을 것이므로 그것과 접촉할 어떤 위험도 없다. 그럼에도 불구하고, 당신의 손이 우연히 그것과 부딪치는 경우에만 확실히 공구들이 항상 자유로이 뒤로 움직인다.

그렇더라도 보통 부주의와 어떤 비조각적인 방법을 통해 아무리 해도 흠집은 생길 것이다. — 보통 부주의와 어떤 비조각적인 방법을 통해. 그래서 훌륭하고 휴대할 수 있는 구급상자를 가까이 두어라. 비록 당신이 대량 매입할 필요는 없지만, 분명 다른 어떤 품목보다도 더 많이 밴드에이드를 사용할 것이다. 단단한 목재용의 극도로 날카로운 공구는 피부에는 거의 신경 쓰지 않을 것이다. 그리고 당신이 한 손으로 상처에 붕대를 감아야 할지도 모른다는 걸 기억해라.

이것은 소위 Hara-kiri 조각 수업이다. 작품을 돌려서 측면에서 접근하는 것이 훨씬 더 안전하다.

공구 날이 당신 쪽으로 향하게 벤치 위에 두는 것은 들여야 할 안전한 습관이다.

잘 보관된 — 많은 밴드에이드를 갖춘 완벽한 — 구급상자는 어느 조각 작업장에나 필수품이다.

## 연습

1. 날을 잡는 손으로서 왼손으로 V자형 툴(또는 좁고 깊은 가우지)을 잡기 시작해라.
2. 당신 쪽에서부터 간단하며 얕고 곧은 홈을 파라. 반대쪽 끝에 닿으면, 손잡이를 낮추고 홈에서 빠져 나와라. 선을 따라서 변함없는 깊이를 유지하면서 시작점과 정지점을 조절하라. 당신은 줄무늬나 선에 사용할 것의 일종인 소위 러닝 컷을 만들고 있다. 당신은 항상 이것들이 부드럽게 흘러내리기를 원할 것이다.
3. 첫 번째 것을 정확히 모방하려 애쓰면서 또 다른 홈을 약간 한쪽으로 흐르게 해라. 선을 모방할 수 있다는 것은 당신의 목표인 공구 컨트롤을 입증한다.
4. 이것을 몇 번 더 반복하라. 동시에 밀면서 버틴다는 것을 기억하라. — 하지만 어깨는 정말 긴장을 풀고 컷을 만드는 데 필요한 최소한의 노력만 들여라.

깊게 파는 V컷으로 삼각 홈을 만들어라.

당신이 어느 한 손으로 낮은 각도의 그립을 사용할 수 있게 연습하라.

### 양손 사용 능력

당신이 왼쪽에서 오른쪽으로, 오른쪽에서 왼쪽으로 조각할 것이기 때문에 양손 사이에 공구를 바꿀 수 있고, 각 방향에서 작품에 자유로이 접근할 수 있다는 것, 달리 말하자면, 어느 정도의 양손 사용 가능성을 개발하는 것이 매우 유용하다. 그리고 아마도 그립은 시작하기에 힘들게 느끼므로 처음부터 바로 양쪽 방향에서 연습하기 시작해라.

5. 이제 손을 반대로 바꿔라! 만약 왼손이 내가 제안한 대로 날을 쥐고 있다면, 지금은 그것을 오른손으로 잡을 것이다. 1에서 4단계를 반복하라. 이처럼 공구를 바꾸는 것은 당신이 반대 방향에서 쉽고 효율적으로 조각하게 해준다. 처음에는 어색해 할지 모르지만, 이렇게 그립을 바꾸는 것에서 얻는 실제적인 이점이 있기 때문에 인내심을 가지고 꾸준히 해라.
6. 날 위에 오른손을 두고 왼쪽에서 오른쪽으로 선을 그려라. 몇 번 모방하라.
7. 손을 바꾸지 않고 오른쪽에서 왼쪽으로 선을 그려라. 이것은 요가와 같은 비틀림 없이 나무를 회전시키거나 몸을 바로 나무의 다른 끝으로 움직여 매우 불편해 보일 것이다.
8. 이제 손을 바꾸고(왼손을 날 위에 두기) 그 선을 오른쪽에서 왼쪽으로 다시 파라. 비록 잡는 기술이 당장은 이상하다고 생각할지라도, 당신이 이처럼 낮은 각도로 조각공구를 사용하고 있을 때 손을 바꿀 수 있는 것의 이점을 이제 분명히 느끼고 볼 수 있기를 바란다. 당신이 어떤 공구를 사용하고 있을지라도, 그것이 V자형 공구이거나 깊은 가우지이거나, 당신은 똑같은 이점을 얻는다.

삼각 홈의 끝부분을 잘라내기 위해 스크루 치즐을 사용하라.

곡선의 러닝 컷은 낮은 각도의 그립을 이용해 만들기 간단하다.

9. 이제는 V컷을 가볍게 시작하고 나서 절삭날을 나무 안으로 더 깊게 보내기 위해 손잡이를 들어 올려서 짧은 삼각모양의 홈을 만들어라. 깔끔하게 정지하기 위해 당신은 날을 잡은 손으로 버티는 것을 연습해야 한다.
10. 일련의 동일한 삼각 컷을 나란히 세우고 끝을 잘라 다듬기 위해 스크루 치즐이나 나이프의 모서리를 사용해라. 당신의 60° V자형 툴로 자른 벽의 각도와 똑같게 60°로 자른 조각을 밖으로 기울여라. 빛은 이제 끝의 벽을 근사하게 비출 것이다. 단지 좋기보다는 탁월한 조각에 도움이 되는 여분의 사소한 디테일 중의 하나이다. 이것은 시작하고 정지하는 데 아주 좋은 연습이며 또한 지극히 중요한 공구 컨트롤을 입증하고 있다.
11. 이제 오른손에 날을 쥐고 시계 방향으로 곡선을 달리게 하자. 당신은 날을 쥐는 손의 굽에 있는 작은 뼈(손목 두상골)를 회전할 수 있기 때문에 이것이 쉽다는 것을 알게 될 것이다. 그 선을 몇 번 모방하라.
12. 그립을 바꾸지 않고 반시계 방향으로 컷을 새겨라. 당신은 그렇게 하는 게 훨씬 더 쉽지 않고 훨씬 덜 부드럽다는 것을 알게 될 것이다. 당신이 날 쥐는 손의 자연스러운 회전 행동에 거스르고 있기 때문이다.
13. 손을 바꾸고 반대로 시계 방향으로 컷을 다시 시도해보라. 이제 당신은 날 잡는 손의 부드럽고 자연스런 회전을 유리하게 이용할 수 있다는 것을 알 것이다. — 낮은 각도로 조각할 때 양손 사용 능력의 경우를 또 다시 입증하면서 근본적으로 당신은 자연스러운 방법에서 당신 손을 최고로 가장 효율적으로 사용하고 있는 것이다. 이처럼 손을 바꿀 수 있는 것은 조각을 훨씬 더 쉽게 만들게 하고 결과물의 품질에 상당히 이롭다. 당신이 진짜 양손잡이일 필요는 없다. — 예를 들어, 나는 항상 오른쪽이 우세할 것이다. — 하지만 당신은 더 약한 방향으로 능숙한 조각을 한다고 느낄 정도로 작업해야 한다.

# 고각도로 잡기

저각도 그립에서, 조각공구를 목재와 나란하기보다는 더 아래로 넣기 위해 당신은 손잡이 손의 팔꿈치를 꽤나 높이 올려야 한다. 이렇게 하면 당신은 저각도 그립을 이제 불편하게 느끼고, 힘을 잃고(당신의 체중을 더 이상 그 아래에 둘 수 없기 때문에), 팔꿈치 관절에 많은 불필요한 긴장을 가한다는 것을 알 것이다. 당신은 고각도 그립으로 힘을 가할 수 있는데, 그것은 당신의 어깨를 손잡이에 두고 체중을 가함으로써 대체로 저각도 그립보다 더 가볍다. 이런 그립법은 훌륭하며 나는 그것은 시작 윤곽선(Chapter 8, p.90), 세부묘사, 그리고 공구가 목재에 좀 더 수직적으로 사용되는 어느 때라도 폭넓게 사용한다. 이 그립은 조각의 나중 단계에서 그 진가를 더 발휘하는 경향이 있다.

이 점에서, 아무 생각도 없이 나는 두 번째 고각도 그립으로 바꾼다. 이런 잡기 방법은 처음 시작할 때는 좀 어색하게 느낄 수 있다. 그리고 비록 내가 할 수 있는 한 잘 그것을 묘사할 것이지만, 당신은 만지작거리며 손가락을 구별해야 할 것이다. 당신은 이런 그립방법에는 손 바꾸기가 필요 없다는 것을 들으면 기쁠 것이다!

## 잡는 법

- 가우지(가령, ½"[13mm] #6)를 목재에 수직으로 대고 우세하지 않은 손으로 다소 단도처럼 손잡이를 잡아라. 그렇게 비우성인 손이 손잡이를 잡는 손이다.
- 이제 당신의 우성인 손은 날 잡는 손이 된다. 우성 손의 가운뎃손가락의 끝을 목재 위에 대라. 그래서 공구사면 뒤에 꽉 붙여 공구와 목재를 중개한다. 새끼손가락과 약손가락을 들어 올려 이 가운뎃손가락을 지탱해라. 목재의 표면 위에 놓기 위해 당신의 손의 뒷부분을 떨어뜨려라.
- 당신은 손의 한 손가락과 엄지를 남아 있게 해야 한다. 만일에 대비하여 그 사이에서 날을 잡기 위해 이 손가락들을 사용해라.
- 가운뎃손가락 끝은 목재와 사면 사이에 놓음으로써 당신의 손 뒤축(손바닥 끝)이 저각도 그립에서 한 것과 똑같은 방법으로 컨트롤을 최대화하여 작용한다.
- 이것이 기본적인 잡기이다. 당신은 공구를 사용하기 시작하면서 조정할 필요가 있을 것이다. 때때로 당신은 집게손가락과 엄지손가락으로 공구의 양측면의 엣지를 꽉 잡을 것이다. 때로는 당신의 엄지나 집게손가락이 공구와 만들고 있는 컷의 방향에 의존하면서 홈 안에(안쪽이나 가우지의 움푹한 곳에) 위치할 것이다.

여기에 기본적인 고각도 그립을 위한 시작 자세가 있다.

컷하고 있는 형태 주위로 이동하기 위해 공구의 앞 모서리를 들어 올려라.

소형의(⅛"[3mm]) 깊은(#9) 가우지로 이 기법을 사용하려면, 사면의 쐐기효과는 가운데의 작은 나뭇조각을 튀어오르게 할 것이다. 결과적으로 만들어진 구멍은 눈이라 부른다. 이 조각 기법은 조각된 몰딩이나 아칸서스 잎에서 흔히 보인다.

## 연습

1. 체중을 실어 어깨를 뒤쪽으로 빼고 손잡이 손으로 밀어 내려라(다소 장부 조인트를 깎아내리듯이). 그리고 절삭날이 나무 안쪽으로 가게 힘을 주어라. 당신이 남기는 흔적은 가우지의 스윕이 될 것이고 목재 속으로 가한 이 단순한 컷은 찌르기 컷(Chapter 5, p.58)이라 부른다.
2. 날의 한(선도하는 쪽이 될) 측면 위에서 뒤로 낮추고 당신이 막 만든 컷을 따라서 절삭날을 약간 전진시켜라. 다시 수직으로 찔러 넣어라. 당신은 목재를 파 올리지 않도록 홈 없이 절삭날의 앞서는 측면을 올려야 한다.
3. 앞 측면을 들어 올릴 때 손잡이에서 회전시키면서 일련의 이런 움직임을 반복하고, 날 위에 손가락을 조정하며, 자르고 있는 홈을 따라서 엣지를 계속해서 낮추어라. 완전한 원으로 움직일 때까지 이처럼 날의 절삭 엣지를 계속 이동시켜라. 원의 뚜렷한 한 지점에서 날이 가운뎃손가락 끝으로 지지되게 하는 대신에 이제는 손톱과 첫 번째 관절 사이로 홈 안에 손가락의 등 쪽에 자리 잡도록 날을 잡은 손을 부드럽게 튕길 필요가 있을 것이다.양손은 공구가 회전하도록 도우면서 손잡이와 함께 일한다. 손가락과 엄지 사이로 꽉 쥐어서 계속 날을 잡고 조정해라.
4. 손가락의 움직임이 진전되기 시작한다고 느끼고 공구 컨트롤이 더 쉬워질 때까지 원의 주위로 시계 방향과 반시계 방향으로 찔러라.
5. 수직으로 컷하는 외에도 당신은 목재에서 어떤 각도로 낮추어서(가령 60°) 이 그립 방법을 사용할 수 있다. 그러면 이제 같은 방법이지만 어떤 각도로 공구를 작동시켜라. 가우지는 관통하면서 원뿔을 묘사할 것이다. 손으로 손잡이를 회전시키면서 동시에 날을 앞쪽으로 밀기 위해 엄지손가락을 사용해라. 이것은 어깨를 쓸 때 생기는 상당한 정도의 힘을 수완 좋게 컨트롤하면서 마스터해야 할 아주 중요한 그립 방법이다.

6. 어느 한 측면에서 목재표면과 비스듬하게 접근하면서 작은 초승달 모양이나 마름모꼴을 끄집어내기 위해 이 고각도의 그립방법을 사용하도록 해보라. 가우지의 앞쪽 모서리로 퍼내면서 한쪽 측면에서부터 한 번에 잘라내는 것 — 모서리를 홈의 바닥으로 가져가서 연결지점을 깔끔하게 잘라내는 행동 — 을 목표로 해라. 돌출한 모서리를 가진 피시테일 가우지가 여기서는 이상적이지만, 레귤러 가우지가 그 일을 해낼 것이다.

집게손가락과 엄지손가락 사이의 잡는 근육을 발달시킬 필요가 있으므로, 이런 조각법을 최대한 활용한다. 전통적인 조각가는 잘 발달된 잡기 근육을 가지기 때문에 바로 여기서 당신은 그 손을 항상 구별할 수 있다.

여기서 가우지가 한쪽에서 들어갈 때는 손이 어떻게 교차되고, 다른 쪽에서 들어갈 때 어떻게 떨어져 보이는지 주목하라.

손잡이 손이 단도처럼 잡는 그립에서 꼭 잡는 법까지 어떻게 변하는지 보라.

초승달 모양과 마름모꼴로 오려내기를 하기 위해 고각도 그립 방법을 이용하라.

# 그립 방법 합치기

이 두 가지 그립을 통합하고 연습하는 좋은 방법은 어떤 얇은 장식품 표면 조각으로 몇 가지 얇은 잎, 꽃, 또는 밀 이삭을 만들기 위해 이미 당신이 해낸 것을 이용한다.

V자형 공구로 주요 줄기를 그림으로써 시작하라. 그런 후에 다른 디테일을 조합하기 위해 V자 홈과 눈, 초승달, 마름모꼴을 추가해라. 당신이 그린 선이 흐르듯이 부드럽고 모든 디테일이 깔끔하게 잘리도록 하려면 열심히 작업해라. — 이것이 바로 조각품을 멋져 보이게 만드는 것이다.

만약 제대로 되지 않으면, 표면을 대패질해 깎고 또 다른 것을 없애버려라! 기억해라. 그것은 나뭇조각일 뿐이고 당신은 이런 그립 방법들로 컷을 만드는 데 익숙해지기 전에 여러 번 그것을 경험할 필요가 있을 것이다.

무엇보다도 즐겨라. 놀면서 해보라!

몇 개의 꽃, 나뭇결, 밀 이삭 등을 만들기 위해 당신이 새로 찾은 그립을 이용해 연습하라.

# 쐐기의 얇은 엣지

금속 쐐기가 통나무를 쪼개는 데 쓰이는 것을 보는 건 드물지 않다. 쐐기의 얇은 끝부분이 통나무 속으로 밀려 들어가서 뒤따르는 넓히는 금속이 목재의 섬유질에 옆으로 압력을 가해 비틀어 쪼갠다.

얇은 절삭날에서 두꺼운 굽까지 목조각공구의 작동하는 끝부분이 단지 영광스런 쐐기일 뿐임을 깨닫는 것은 중요하다. 모든 조각공구는 쐐기처럼 작동해야 한다. 가우지의 가느다란 절삭날을 나무에 밀면, 뒤따르는 사면이 옆으로 압력을 가한다.

본래 나무는 자연적으로 약간 함께 붙어 있는 긴 섬유질 사이에서 더 약하다. 나뭇결이 더 곧고 덜 교차되어 있을수록, 섬유질은 더 쉽게 분리된다. 나뭇결을 따라 정렬되어 있는 동안 절삭날을 직선으로 미는 것은 항상 잠정적으로 위험하다. 사면의 쐐기 효과는 어떤 컷에서도 당신이 조각공구를 나무로 밀어 넣을 때마다 틀림없이 생기며, 학생들이 진정으로 호소하는 주된 원인이다. "그것이 떨어졌다."

마지막 장에서 우리는 바로 이 쐐기효과를 이용해(p.51) 눈을 만들었고, Chapter 6에서는 이 테크닉이 몰딩조각에 잘 활용되고 있는 것을 본다(p.66). 하지만 모든 조각에서 사면의 쐐기효과를 기억할 필요가 있다. 절삭날을 너무 깊이 밀어 넣고 보이지 않을 정도로 나무에 균열을 만들어 목재의 섬유질을 찢어 나중에 벌어지는 건 너무 쉽다. 쪼개져버리는 조각은 언제나 사전의 충격 때문이다.

만약 당신이 취약한 부분이 있음을 안다면, 안전하게 찔러 들어갈 수 있는 깊이에 대한 아이디어를 얻을 수 있도록 먼저 연습용 나뭇조각에 시도해보라.

Chapter 5

# 공구의 결과물

당신의 손에 날카롭고 잘생긴 조각공구가 있다. 당신은 자신 있고 쉽게 조각하게 해줄 안전한 그립으로 그것을 잡는다. 이제 당신은 뭔가 일어나기를 원한다. — 하지만 정확히 어떻게? 당신은 이 공구들로 무엇을 하도록 할 수 있는가? 글쎄, 대부분의 초보자가 생각하는 것보다 훨씬 이상이다!

우리의 기타 배우기 비유에 한 번 더 돌아가서, 음 조율(연마하기)과 기타 잡는 법(그립)을 이해한 후에, 우리 기타 선생님은 아마도 당신에게 현을 튕기게 했을 거라고 나는 상상한다. 기타가 작동하는 방법, 자신이 만들어낼 수 있는 음과 코드를 알아차리면서, 당신은 단지 느긋하고 가볍게 튕길 것이다. 그래서 목조각 프로젝트 — 소위, 적절한 곡조 — 를 시작하기 전에, 나는 가우지로 당신이 연주할 수 있는 음들인, 공구의 소산이라 부를 수 있는 것을 보고 싶다.

### 당신이 필요로 할 것

- 가우지들과 V자형 공구들. 서로 다른 각각의 공구들을 가지고 내가 제안하는 것을 실제 시도해라.
- 안전하게 벤치에 고정된 깨끗하고 조각할 수 있는 목재의 판재. 나는 항상 표면이 대패질된 것으로 시작하길 좋아한다.

여기에 보이는 풀 컷(가득 차게 파는 것)은 당신이 할 수 있는 기본적인 조각 기법들 중 하나에 불과하다. ≫

# 조각가의 컷

전통적인 조각공구의 다재다능함의 한 표본으로 나는 조각가들이 만드는 여러 컷을 구분함으로써 시작하고자 한다. 물론 당신은 조각에 깊이 빠져 있을 때는 이처럼 분리된 컷으로 생각하지 않으려 할 것이다. 당신은 단지 공구를 가지고 작업하고 있을 뿐 그것에 대해서는 결국 잊고 있을 것이다.

## 러닝 컷

하는 방법 : 우리가 저각도 그립을 배우고 연습할 때, 앞 장(p.46)에서 이 컷을 보았다. 뒤에 있는 한 손은 공구를 밀어나가게 하고 날 주위를 감싼 다른 한 손은 버틴다. 날을 잡은 손은 손을 바꿔 방향전환하면서 시작하고 멈추고, 자유자재로 방향을 줄 때 조절하기 위해 목재위에 놓인다. 러닝 컷의 본질은 그것이 계속 간다는 것이다. 그것은 긴 스트로크이다.

당신의 V자형 공구로 깊이가 다른 평행하고 동일한 선들을 그리기를 시도하라. 그리고 나서 손을 바꾸면서 오른쪽과 왼쪽으로 곡선을 새겨라. 그리고 기타 등등. V자 툴을 좌우로 기울이고 관찰하라. 좁고 깊은 가우지나 U자형 공구로 시도해라.

깊은 가우지(＃8이나 ＃9)로 나뭇결을 역행하여 깊은 고랑을 파라. 이와 같은 하나의 깊은 도랑은 플루트(세로 홈)라고 불린다.

가능하면 비슷한 두 번째 도랑을 그 옆에 두고, 그 후에 세 번째, 기타 등등을. 표면은 쟁기질된 것과 다소 같아 보일 것이다.

응용 : V자형과 U자형 툴로 만든 러닝 컷은 나무 잎맥과 머리카락 등에 뚜렷한 드로잉처럼 응용된다. Chapter 8(p.90)과 돋을새김 조각에 관한 연이은 여러 장에서, 당신은 길고 고른 러닝 컷으로 배경에서 부스러기를 어떻게 제거하는지 볼 수 있다. 이런 방법으로 배경을 낮추는 것은 여기저기서 무작위로 나무를 단순히 조각해내는 것보다는 훨씬 더 효율적인 접근이다.

러닝 컷은 돋을새김 조각에서 배경을 제거하는 멋진 기법이다.

## 찌르기 컷

하는 방법 : 고각도 그립(p.50)을 이용하여, 어깨의 힘을 손잡이 뒤에 두어라. 조각공구의 절삭날을 나무 속으로 곧장 밀어 넣고 다시 빼내라.

중간 가우지로 이 컷을 시도해라. 곧장 들어가고 나와라. 만약 당신이 손잡이를 좌우로 흔들면, 모서리를 깨트릴 것 같다. 찌른 날을 나무에서 빼내려면, 엣지를 따라 한 방향으로 손잡이를 기울려 그 날을 풀어내라.

밀어 넣을 때는 단지 한 모서리만을 강조하면서 시도해라. 당신은 한쪽 끝에서 깊게 시작하고 커브 주위로(스윕 주위로) 점차 사라지는 스탭 컷을 만들 것이다. 당신은 좌우로 그렇게 두 개의 컷을 만든다.

응용 : 스탭 컷은, 예를 들면 머리카락과 털의 디테일에서 장식적으로 사용되고 입술 사이나 흐르는 선의 끝에서처럼 더 강한 음영을 더해서 강조하기 위해 쓰인다. 특히 단단한 목재에 찔러 넣기 위해서는 맬릿을 사용해라.

기능을 바꾸면, 스탭 컷은 매우 중요한 스톱 컷이 될 수 있다.

스탭 컷은 패턴을 만들 수 있다.

스톱 컷에 맞게 퍼내서 썸네일을 만든다.

## 스톱 컷

하는 방법 : 목재의 결 관리를 위해 찌르기 컷을 놓을 때, — 갈라지는 것을 방지하기 위해 — 당신은 스톱 컷을 한다. 당신은 왼쪽에서 묘사된 찌르기와 정확히 똑같은 방법으로 간단한 스톱 컷을 만들 것이다.

당신은 스톱 컷이 썸네일(또는 핑거네일)이라 부르는 중세의 장식적 요소에 분명히 작용하는 것을 볼 수 있다. 핑거네일 한쪽 끝에 깊은 가우지와 맬릿로 강한 수직적인 스탭 컷을 만들어라. — 이것이 스톱 컷이다. 같은 가우지로 이것까지 퍼내라. 나뭇결을 가로질러 작업하는 것이 가장 쉽고 당신은 몇 번 통과해서 썸네일 자체를 컷할지도 모른다. 먼저 퍼내는 컷을 만들어 봐라. 당신은 공구의 사면이 앞쪽 위로 쐐기 작용을 하고 컷을 끝낼 정확한 자리를 찾기가 어렵다는 것을 알 것이다. 그래서 우리는 이 쐐기 효과를 조절하기 위해 먼저 스톱 컷을 위치시킨다.

이 썸네일을 나란히 반복해서 간단한 몰딩을 만들어낼 것이다. 도전하면, 고르고 동등한 썸네일을 나란히 만들어낼 수 있을 것이다.

응용 : 그 자체로 스톱 컷은 할 일이 있고, 그 일을 해내면 스톱 컷은 사라진다. 그것은 뒤따르는 컷에 포함되기 때문이다. 이것이 스탭 컷에서 스톱 컷을 분리하는 것이다. 스탭 컷은 그 자체의 효과를 내기 위해 표면에 자국을 남긴다.

당신은 또한 전통적인 새김 글씨에서 스톱 컷을 볼 수 있다. 강한 스톱 컷은 나뭇결을 조절하면서 글자 부분의 중앙에 먼저 들어간다. 이후의 앵글 컷은 어느 한쪽에서 들어와서 V자 도랑을 남긴다.

스크루 치즐로 삼각 모양의 V자 컷을 마쳤을 때, 우리는 또한 스톱 형태의 컷을 앞 장에서 만들었다. 우리는 먼저 스톱 컷을 밀어 넣었을 것이다. 그리고 러닝 컷이나 홈은 결이 갈라지는 것을 막는 일종의 방화대 — 기능적으로는 스톱 컷 — 로 작용할 수 있다.

목조각가는 필요할 때 아무 생각도 없이 스톱 컷을 사용할 것이다. 나뭇결 관리가 필요할 때 당신의 조각에 그것을 응용하는 데 주저하지 말라.

## 스웝 컷 혹은 라킹 컷

(주의 : 가우지의 스웝이 끝부분의 보이는 옆모습이라는 것을 기억하라. 트루 가우지에서 스웝은 원의 한 부분인 호이다. — 그것은 U자형 가우지와는 다르다.)

**하는 방법** : 가우지의 스웝은 한 원의 호이다. 짧고 퍼내고 이어지는 컷에서 가우지를 앞으로 밀 때 손잡이를 회전시켜라. 당신은 엣지가 그 호에 뒤따를 때 나무를 가로지르는 슬라이싱을 느낄 수 있을 것이다.

당신은 왼쪽이나 오른쪽으로 회전하면서 저각도나 고각도의 그립으로 스웝 컷을 만들 수 있다.

중간 가우지(약 #6)를 가지고 이처럼 몇 가지 스웝 컷을 만들어라.

나뭇결이 찢어지는 것을 막기 위해 모서리를 깨끗이 하고 스웝 컷을 시작하고 끝내라. 그 컷의 퍼내는 동작은 다음의 세 부분으로 되어 있다. 공구가 목재에 들어간다. 그 후에 당신은 손잡이를 약간 떨어뜨리고 회전하면서 엣지를 움직인다. 그리고 나서 빠져 나올 때 손잡이를 훨씬 더 떨어뜨린다.

무엇보다도 이것은 자유로운 컷이고 양손을 함께 쓰면서 행해진다. 당신이 퍼내는 스웝을 느껴라.

또한 그것을 깊은 가우지로 시도하고 손잡이를 시계 방향과 반시계 방향으로 회전시켜라.

공구를 스웝의 호를 따라 회전시키지만, 손잡이를 씰룩씰룩 움직이거나 좌우로 흔들지는 말라. 이런 동작이 나뭇결을 찢을 것이며, 절삭날을 무디게 하는 경향이 있고, 결과적으로는 심지어 금속의 이를 빠지게 하거나 모서리를 잃게 할지도 모른다.

**응용** : 슬라이스하는 동작은 공구가 목재를 뚫는 것을 용이하게 하고 훨씬 더 말끔한 컷을 만들어낸다. 그런 움직임은 또한 라킹 컷이라 불리며, 때로는 공구가 '컷을 통과해 흔드는 것'이라 불린다.

또한 당신은 초승달과 마름모꼴을 만들 때, 지난 장의 끝부분(p.52)에서 스웝 컷을 만들었다.

엣지를 따라 이렇게 공구를 슬라이스하는 것은 — 이 경우 스웝을 완전히 이용한다. — 단지 조각가의 컷일 뿐이다. 정말로 나는 만약 당신이 러닝 컷과 스톱 컷을 없애면, 모든 나의 컷은 어떤 방법으로 슬라이스된다고 말하고 싶다.

스웝 컷의 한 형태는 당신이 가장 평평한 가우지로 만드는 최고로 중요한 슬라이싱 컷이다.

스웝 컷을 시작하기 위해, 공구의 모서리에 목재가 묻어 있지 않게 하라.

손잡이를 약간 떨어뜨리고 회전하면서 엣지를 따라 움직여라.

빨리 빠져 나가기 위해 손잡이를 떨어뜨려라.

모서리에 목재가 묻지 않게 하여 슬라이싱 컷을 시작하라.

슬라이싱 컷을 위해 목재위로 엣지를 이동시켜라. — 손잡이는 회전하지 말라.

## 슬라이싱 컷

**하는 방법** : 아주 평평한(#3) 가우지의 스윕을 형성하는 원의 호는 매우 커서 손잡이에서 가우지를 의미심장하게 회전하기는 불가능하다.

그래서 당신은 공구를 앞쪽으로 움직일 때 옆으로 움직이는 것을 강조해야 한다. 실제로 공구를 회전시키기보다는 엣지를 가로질러 이동하면서 표면을 깎는다고 생각하라. 사실 당신은 거의 회전하지 않고 있는 것이다.

#3 가우지를 저각도 그립으로 잡고 항상 모서리를 깨끗하게 유지하면서 아주 얇은 슬라이싱 컷을 만들어라. 나뭇결에 직각으로 — 달리 말하면, 결을 가로질러 — 작업하면, 그 슬라이스 자체가 다소 결을 따르게 된다는 것을 발견할 것이다.

왼쪽에서 오른쪽으로, 그리고 오른쪽에서 왼쪽으로 슬라이스해라. 나아가면서 그 부분을 말끔하게 유지해라. 모서리를 파들어 가지 않는 것이 처음에는 까다롭다. 만약 그렇게 한다면, 즉시 찢긴 결을 검토하고 표면을 수정해라.

**응용** : 이것은 배경에서 몸체까지 샌딩하기보다는 공구로 마감하고 싶은 어디에나 표면의 평편화와 마감을 위한 컷이다. 여기서는 당신이 스윕을 형태와 더 가깝게 맞출수록 더 부드러운 표면을 남길 것이라는 조건이 있다. 그리고 물론 때때로 당신이 형태와 맞추는 데 필요한 스윕은 가장 평편한 것은 아닐 것이다.

우리는 Chapter 8(p.90)에서 첫째, 릴리프 조각의 배경을 깨끗이 하고 마감하는 것. 그리고 둘째, 아우트라인(박아 넣기)을 정확히 모양 짓기 위한 나이프처럼 높은 위치의 그립으로 우리가 공구의 모서리를 쭉 미는 곳에 이 귀중한 슬라이싱 기법이 작용하는 것을 볼 것이다. 똑같은 슬라이싱은 또한 새긴 글자의 곡선을 컷팅하는 데도 쓰인다.

따라서 요약하면, 몇 가지 기본적인 컷들이 있다. 당신은 여러 프로젝트에서 그것들을 필요로 할 것이다.

# 동일한 가우지로 하는 9가지 컷들

그런데 우리가 주제를 떠나기 전에, 당신이 단일한 조각공구로 나무를 컷할 수 있는 서로 다른 방법이 적어도 9가지나 있다는 것을 알았는가? 몇 가지는 우리가 이미 보았지만, 당신의 조각공구를 움켜잡고 그 절삭날로 무엇을 할 수 있는지 봐라.

## 수직으로 들어가기

이 컷은 엣지 전체로 찔러서 만들어진다. 우리는 p.50에서 이것을 보았다. 당신은 또한 한쪽 모서리로만 찌를 수 있을 것이다.

## 스윕을 따라서 슬라이스하기

찌르기에서 스윕을 따라 공구를 이동시켜라. 또한 우리는 원을 만든 앞 장에서(p.51) 이것도 했다.

## 스윕을 따라서 더 빽빽한 슬라이스하기

스윕으로 원을 만들어라. 그리고 나서 두 번째로 돌아들어갈 때, 앞서는 모서리를 들고 좀 더 단단하게 손잡이를 회전시키고 더 타이트한 반경으로 컷을 나선형으로 그려라. 원이 타이트할수록 그 앞쪽의 모서리를 더 많이 들어야 한다. 여기에는 규칙이 있다. 당신은 어떤 스윕으로도 더 타이트한 원을 컷할 수 있다. 그것을 시도해라!

수직으로 들어가기

## 비스듬한 찌르기

만약 당신이 표면에 수직으로 찌르는 대신에 비스듬히 찌른다면, 당신이 만드는 것은 더 타이트한 스윕을 가질 것이다. 왜 그런지 당신은 알 수 있는가? 가우지의 스윕은 한 원의 호이다. 따라서 효과적으로 가우지의 옆모습은 원기둥의 한 부분이다. 엣지는 나무에 각진 평면으로 원기둥의 끝까지 들어가서 더 타이트한 스윕인 타원을 만들어낸다.

스윕을 따라 슬라이스하기

스윕을 따라 더 타이트한 슬라이스하기

비스듬한 찌르기

풀 컷

단지 절삭날의 한 부분

뒤집어서

왼쪽 모서리와 오른쪽 모서리

## 꽉 찬 컷

이것은 최대로, 굵게 떠내는 움직임 — 우리가 앞서서 만든 스윕 컷 — 이거나 러닝 컷일 수 있다. 모서리 전체를 사용하라. 모서리는 모두 깨끗이 유지하라.

## 절삭날의 한 부분일 뿐

꽉 차게 떠내기 위해 금방 했던 것과 같은 공구를 들고 절삭날의 단지 한쪽만 사용하라. 나무 표면을 따라서 아주 얇게 컷해라. 마치 당신이 사용하고 있는 가우지의 부분이 가장 편평한 스윕을 가진 것처럼 컷하는 것을 알게 될 것이다.

예를 들어 모든 #6 공구들이 정확히 같은 원의 호를 그리지 않는다는 것이 조각공구 스윕 차트의 이상한 점들 중 하나이다. 차트의 어느 것 위에 당신의 가우지들 중 어떤 것의 스윕을 맞추도록 해봐라. 그러면 내가 말하는 것의 의미를 알 것이다. 결과적으로 당신은 가볍게 컷팅하여 더 편평한 표면을 다듬기 위해 더 크고 더 깊은 공구를 사용할 수 있다.

## 뒤집어서

안쪽 사면으로 당신은 편평하고 둥글고, 적당히 오목한 표면 위에 가우지를 뒤집어서 쉽게 사용할 수 있다.

## 왼쪽과 오른쪽 모서리

극도로 중요한 모서리는 가우지가 나이프를 만나는 곳이고 전통조각에서 광범위하게 사용된다. 구부러져 있으면, 가우지의 모서리는 각각 물론 다르다. 그래서 나는 그것을 두 개의 컷이라 부르고 있다.

당신이 가우지를 잡고 조종하는 다양한 방법과 실제 컷팅하는 다른 방법으로 서로 다른 모양의 가우지를 늘릴 때, 처음에 나타나는 것보다 당신이 할 수 있는 것이 더 많다. 나는 정말로 당신이 다양한 컷과 그립을 시도하고, 실험하고, 즐기고, 그저 공구에 대해 알게 되면서 목재를 많이 낭비하도록 권하고 싶다.

# 좋은 습관들

만약 당신이 진짜 조각거장이 작업하는 것을 지켜본다면, 그들이 벤치 위에 공구를 놓는 방법에서 바로 조각하는 과정까지 어떻게 통제되거나 체계적인 방법으로 행동하거나 작업한다는 것을 알게 될 것이다.

당신이 보고 있는 것은 행동을 지휘하거나 변화시키고, 유리한 방법을 획득하거나 특별한 기술을 배우는 데 목표로 삼으면서 의식적인 자기 통제로 시작될 좋은 습관에 불과할 따름이다. 이러한 습관이 뿌리내리게 하려면 많은 노력과 자기훈련이 필요할 것이다. 하지만 결국에 조각의 효율과 탁월함을 거둬들이는 것은 가격을 매길 수 없을 정도로 귀중한 이득이다.

그런 이로운 습관의 예는 작업하는 동안 조각공구의 각각의 컷을 마무리하는 깔끔한 컷팅일 것이다. 당신은 수리하거나 반복하기 위해 돌아가지 않는다. 그래서 배경은 다듬질이 필요한 뜯긴 표면이 전혀 없으며, 외곽선은 이동하기 전에 말끔하고 부드럽게 시작되어 있다. 당신은 작업하면서 습관적으로 주변을 정돈하도록 배웠기 때문에, 결과는 한 번 더 손보기 위해 검토해야겠다는 계속되는 생각 없이 완성한 후 바로 빠져 나오기만 하면 되는 말끔하고 신선한 조각이다.

당신이 목조각 일을 시작할 때, 유용하고 소중한 습관이 배어들게 하고 그 후에 그것들이 당신을 격려하면서 당신의 조각을 즐기게 하는 것은 정말로 어느 정도 정신적인 자제력이 개입되는 문제이다.

Chapter 6

# 간단한 몰딩

당신은 아마도 무늬가 없고 조각되지 않은 몰딩에 익숙할 것이다. 몰딩 자체는 길고 종종 사랑스런 스트립(가늘고 긴 조각)에 빛을 반사하여 장식적인 느낌을 부가한다. 우리는 이 빈(장식 없는) 몰딩을 가져와서 단순한 장식용 몰딩을 개발하여 반복적으로 조각해 넣거나, 조각된 몰딩의 층을 빛과 그림자의 정교한 리듬으로 지어낼 수 있다.

나는 더 심플하게 조각된 몰딩이 공구조작기술을 연습하는 방법으로서 많은 것을 제공한다고 생각한다. 나는 네 가지 기본적인 몰딩을 조각하는 방법을 보여주겠다. 가장 단순한 것에서 시작하면, 그 전통적인 이름은 다음과 같다. 썸네일, 완두콩(또는 비드), 로프(또는 케이블), 그리고 리본 & 스틱.

일정한 공구조절로 만들어진 말끔한 조각된 몰딩은 손쉽게 배울 수 있다. 조각 과정 — 한 컷이 또 다른 컷을 위해 준비하는 방법 — 의 좋은 사례이다. 그리고 예를 들어 빵 도마나 심플한 액자의 가장자리 주변에 즉시 응용해볼 수 있다.

민무늬 몰딩은 단순하지만 당신이 구매하거나 만들 수 있는 나무의 특별하게 성형된 가닥이다. 반복하는 패턴(유닛)을 그러한 민무늬 몰딩에 새기는 것은 그것을 조각된 것으로 바꾼다.

그 방법은 아주 간단하다. 당신은 특정한 블랭크 몰딩의 한쪽 끝에 하나의 정확한 컷을 만들고 명확한 간격으로 다른 쪽 끝에 도달할 때까지 그것을 정확히 반복한다. 그런 후에 길이를 따라서 정확한 컷의 두 번째 열을 새긴다. 그 후에 세 번째 열을, 그리고 기타 등등. 각각의 열은 앞서 간 열에 첨가되거나 중첩되거나 아니면 변화를 주는데, 그것이 마지막 열로 완성된다.

모든 조각된 몰딩은 특정한 무늬 없는 윤곽에 매치된다. 우리의 심플한 몰딩은 모두 하나의 윤곽에 기초를 둔다.

오른쪽으로부터 순서대로 : 완두(Pea), 썸네일(Thumbnail), 리본 & 스틱(Ribbon & Stick), 그리고 마지막이 로프(Rope) 몰딩이다. ≫

# 설정

당신이 몰딩조각을 시작하기 전에 챙겨야 할 몇 가지 공구들이 있다. 또한 나는 블랭크 몰딩을 만들어내기 위한 공정과 조각을 위해 공구를 쥐는 방법을 재검토 하겠다.

## 블랭크 몰딩

우리가 조각해나갈 몰딩에 공통적인 프로필은 마중선이라 부른다. — 두 개의 작고 편평한 렛지, 혹은 필렛이 측면에 받치고 있는 반원형 비드의 다른 이름이다. 라우터 컷터 카탈로그는 이 프로필을 단순히 반원이라고 부를 것이다. 우리의 경우 비드의 폭, 또는 직경은 5/16"(8mm)이다. 당신은 연습할 이 몰딩의 많은 빈 조각들을 조립하거나 목세공인에게 만들어달라고 할 필요가 있다. 여기서 나는 브라질산 마호가니를 사용하고 있다.

라우팅은 블랭크 몰딩을 만드는 가장 쉬운 방법이다. — 단지 당신은 커터로 몰딩의 길이를 연결할 뿐이다. 라우터 앞에서 당신은 몰딩 대패나 원하는 프로필의 형태로 된 단단한 금속조각인 스크래치 스톡을 가지고 손으로 프로필의 형태를 만들었을 것이다.

반원의 라우터 비트는 마중선, 혹은 필요한 비드 몰딩 블랭크를 만들어낼 것이다.

### 필렛

비드의 어느 한쪽에 보이는 작고 편평한 렛지를 필렛이라 부른다. 그것은 잇따르는 조각에 매우 중요한 기준면이거나 표면이다.

홀딩 지그는 몰딩을 조각하는 동안 사용하기에 바로 적합한 클램프이다.

## 홀딩 지그

나사로 조이거나 접착제로 붙인 펜스(나무의 긴 조각) 사이에 끼움으로써 블랭크 몰딩의 길이로 잡아라. 펜스는 반드시 필렛보다 더 낮아야 한다. 그렇지 않으면 펜스는 조각을 방해할 것이다.

이 판재를 당신의 벤치에 꽉 죄거나 아니면 고정시켜라. 몰딩 한 조각을 완성했을 때, 단지 펜스 사이에서 그것을 꺼내 올려서 부스러기를 붓으로 털어내고 새로운 블랭크 조각을 삽입해라.

### 조각된 몰딩 기법에 대한 몇 가지 조언들

- 먼저 연습하라! 당신이 하고 있는 것을 이해하고, 그 기술이 만들어 낼것을 확실히 흡수할 정도의 기술을 가지고 있다는 확신 없이는 절대로 틀이나 판재에 직접 시작하지 말라.
- 다른 식으로 지시되지 않으면, 모든 컷은 고각도 그립일 것이다(p.50).
- 다르게 지시되지 않으면, 모든 컷은 찌르거나 슬라이스하는 것이다(p.58, p.61).
- 컷을 정확하게 만들어라. 그 후에 가능한 한 일관되게 블랭크 몰딩의 한쪽 끝에서부터 작업해 들어가며 정확히 똑같은 방법으로 다음 표시에서 그것을 반복하라.

- 다음 것으로 이동하기 전에 각각의 컷을 말끔하게 마무리해라. 할 수 있는 한 각각의 컷을 하나의 동작이나 일격에 만드는 데 목표를 두어라.
- 어떤 몰딩 요소도 결코 아래로 파들어 가지 말아라.
- 조각공구가 나무를 찌르는 동안에는 절대로 지렛대 삼아 사용하지 말라. — 그러면 단지 몰딩에서 나뭇조각을 뜯어낼 뿐인 것이다.
- 가우지를 나무에 대기 전에 컷이 어떻게 잘 맞는지 보기 위해 먼저 각각의 몰딩에 대해 내가 묘사해 놓은 단계들을 주의 깊게 꼼꼼히 읽어보도록 제안한다.

## 재료와 공구

### 재료

- 선택한 나무(나는 브라질 마호가니를 사용했다)
- 5/16"(8mm)의 반원형 라우터 비트와 라우터

### 공구

1. 페일 컷 7mm #8(Sheffield List 5/16"[8mm] #8 가우지) : 이 가우지의 스윕은 다소 좁고 편평하다.
2. 페일 컷 14mm #1F(Sheffield List 1/2"[13mm] #1 피시 테일 끌) : 만약 당신이 먼저 그 프로젝트를 꼼꼼히 읽는다면, 나이프나 피시 테일이 아닌 끌로 대체할 수 있음을 알 것이다.
3. 페일 컷 7mm #3F(Sheffield List 5/16"[8mm] #5 피시 테일 가우지) : 피시 테일은 가볍고 섬세해서 몰딩과 같은 장식 작업에 선택되는 공구이다.
4. 페일 컷 2mm #11(Sheffield List 1/16"[2mm] #11 가우지) : 어떤 좁고 깊은 가우지라도 충분할 것이다.
5. 잠금형 분도기 : 조각의 반복 유닛을 계측하기 위해 필요하다.

## 썸네일 몰딩

썸네일 몰딩

이 몰딩에서 각 썸네일의 끝에 있는 원형의 컷은 공느낌을 남긴다. 썸네일을 더 길거나 더 짧게 만드는 것은 전반적으로 다른 효과를 줄 것이다. 반복하는 패턴을 정하기 위해 먼저 완성된 몰딩을 면밀히 살펴보아라.

공구 번호는 왼쪽의 리스트와 같다.

### 레이아웃

1 5번 툴을 사용하여 마중선 비드의 직경과 동일한 넓이로 몰딩을 따라 점을 찍어나간다. 긴 몰딩에 표시하는 더 빠른 방법이 있다. — 예를 들면, 핀 기어가 있다. 더 복잡한 몰딩은 형판을 수반할 것이다.

### 공 형태 만들기

2 1번 툴을 사용하여 가우지를 점 위로 바로 찔러라. 비드 깊이의 약 절반쯤 되는 곳까지 내려가라. 세 점을 지나치고 나서 정확히 같은 방법으로 다시 찔러 들어가라. 비드의 길이를 따라 반복해라. 당신은—조각공구로 건드리지 않고 남겨진 나무에서 오는 착각인 — 공의 첫 번째 절반을 만들고 있는 것이다.

# 썸네일 몰딩(이어짐)

3 1번 툴을 사용하여 가우지를 뒤집어서 적절한 점 위에 비드의 길이를 따라서 원의 나머지 절반을 찔러라. 각각의 원 사이에서 당신은 (분도기에서) 두 개의 점을 두어야 한다. 이것들로부터 당신은 썸네일 컷을 적절하게 만들 것이다. 단단한 나무 위에는 맬럿을 사용할 수 있을 것이다. 더 아래로 찔러 들어가지 말라.

## 썸네일 형태 만들기

4 1번 툴을 사용하여 손잡이를 거의 수직으로 하여 한 지점에 썸네일을 시작하고 한쪽이 조금 열린 것처럼 보이는 원의 윤곽을 그리는 찌르기까지 컷을 만들면서 손잡이를 떨어뜨려라.

5 이것은 원에 이르고, 조각이 떨어져 나갈 때 썸네일을 만들어내는 퍼내는 컷이다. 이상적으로 그 조각은 한 번 쳐서 나오지만, 어떤 작업에 이를 때까지 돌아가서 수직의 찌르기를 반복하거나 또 다른 퍼내기 컷을 해야만 할 것이다.

6 1번 툴을 사용하여 다른 방향을 따라서 썸네일 컷을 반영해라. 그리고 완성된 몰딩은 그림과 같다.

# 완두 몰딩

당신은 이 사랑스럽고 작은 몰딩이 액자 등에서 더 정교하게 조각된 몰딩을 수반하는 것을 꽤 자주 발견할 것이다. 완두는 바로 시작하기에는 까다롭다. 당신은 완두모양을 마름모 형태로 또는 너무 평평하게 만드는 경향이 있을 것이다. 그것을 바로 시작하기에는 수백 번 해봐야만 할지도 모르지만, 해볼 만한 가치가 있다. 운 좋게도 이 몰딩은 매우 빨리 깎을 수 있다.

반복하는 패턴으로 가기 위해 완성된 몰딩을 한 번 살펴봐라. 당신이 완두를 만들려고 공구의 스윕을 어떻게 사용하는지에 주목하라. 여기에 당신의 공구가 당신의 조각이라는 것 외에는 어떤 진실도 없다.

만약 당신이 완두 사이의 컷에 실수를 한다면, 몇 개의 구간에 실수하느냐에 따라 각각의 길이를 가진 소시지 모양들로 끝낼 것이다. 이처럼 섞인 몰딩은 공과 소시지(Ball & Sausage)로 불린다.

공구 번호는 리스트에 있다(p.69).

완두 몰딩

## 레이아웃

1 5번 툴을 사용하여 마중선 비드와 동일한 폭으로 몰딩을 따라서 표시해나가라. 2번 툴을 사용하여 각 지점에서 비드를 가로질러 끌을 찌르고 바로 내려가라. 한쪽 끝에서 다른 쪽 끝으로 동일하게 작업하라. 중간에 3분의 1 정도로 내려가라. 이 스톱 컷은 다음 것의 부스러기 조각이 안전하게 떨어지게 해준다.

## 완두 형태 만들기

2 1번 툴을 사용하여 완두의 중앙에 손잡이를 낮춰서 가우지를 출발시켜라. 당신이 공구를 앞으로 밀면서 손잡이를 들어 올리고 스탭 컷으로 부드럽게 호를 그려 내려라. 가우지의 모서리를 필렛의 각 측면에 살짝 내려라. 하지만 필렛에 전체적으로 찔러 넣지는 마라. 길이대로 각 지점에서 반복하라.

3 당신은 완두의 첫 번째 절반을 조각하고 있는데, 그것은 작은 공처럼 보여야 한다. 절삭날 아래의 완두를 상상하도록 해봐라. 당신은 공구가 완두 길이의 절반까지만 나아가는 동안 손잡이를 움직여 바로 들어 올려야 한다는 것을 알 것이다.

4 1번 툴을 사용하여 다른 쪽 방향을 따라서 완두의 다른 측면에 호를 만드는 컷을 반영하라. 이상적으로 당신은 한 번의 부드러운 컷으로 완두의 각각의 절반을 만들고 싶어 한다. — 이것은 연습이 좀 필요하다. 당신은 다음번에는 진짜로 더 완두 같은 모양을 만들 것이다.

## 완두 몰딩(이어짐)

### 엣지 말끔하게 하기

5 1번 툴을 사용하여 한쪽 끝에서 시작하여 비드에 직각으로 아킹 컷을 반복하라. 바로 와서 필렛 위로 가볍게 찔러 내려라. 이 스탭 컷은 완두에 동일하고 말끔하고 둥근 엣지를 주고 다음 단계에서 각각의 완두 사이에 나무의 작은 삼각형을 제거할 준비를 한다.

6 2번 툴을 사용하여 끌을 필렛을 따라서 미끄러뜨리고 완두 사이의 작은 삼각형을 베어내라. 끝에서 끝까지 한 측면을 따라서 작업하고 나서 다른 쪽도 해라. 저각도 그립으로 시도하라. 필렛의 면은 각각의 완두 사이에서 연결되어야만 할 것이다. 부스러기가 붙는다면, 당신은 이전 단계를 반복할 필요가 있을 것이다.

## 로프 몰딩

로프나 케이블을 깎는 많은 방법들이 있다. V자형 툴 자체는 이 효과를 내기 위해 흔히 사용된다. 여기서 로프의 느낌은 각진 컷의 바삭거리고 흥미로운 패턴의 중첩에서 나온다. 당신이 그것을 어떻게 할지라도, 요령은 비드의 측면 주위로 컷을 가늘어지게 하고 구부러지게 해서 로프의 가닥이 후면의 주위로 호를 이루도록 하는 인상을 주는 것이다. 당신은 왼손잡이 로프나 오른손잡이 로프를 만들 수 있다는 것을 주목해라. — 몰딩은 '한쪽 방향으로만' 돌려진다.

완성된 몰딩을 살펴보고 반복되는 패턴을 정해라.

공구 번호는 리스트(p.69)에 있다.

로프 몰딩

### 레이아웃

1 5번 툴을 사용하여 3분의 1을 더해서 비드의 직경과 동일한 폭으로 몰딩을 따라서 점을 찍어나가라. 3번 툴을 사용하여 비드 쪽을 향하여 조각공구의 홈을 가지고 필렛에서부터 슬라이스해 올려라. 비드의 꼭대기에서 앞쪽 모서리를 나무 안쪽으로 찔러서 끝내라. 비드 깊이의 3분의 1까지 꼭대기를 찔러라. 길이 방향으로 각각의 지점에서 반복하라.

## 로프 몰딩(이어짐)

**2** 마치 로프에서 홈을 따르고 있는 것처럼, 꼭대기에서 스탭 컷으로 시작하고 필렛의 주위로 잘라내서 또한 이 컷을 만들 수도 있다. 둘 다 시도하라. 아래로 파들어 가지 말라!

**3** 툴 3번을 사용하여 공구를 뒤집어서 중앙에서 스탭 컷을 모아 맞춰서 다른 측면에도 반영하라. 당신은 먼 쪽에는 꼭대기를 내리는 컷이 더 쉽다는 것을 알지도 모른다. 마음 놓고 몰딩을 돌려라. 당신은 로프의 뒤쪽 주위에서 사라지는 연속적이고 흐르는 새긴 선을 만들어야 한다.

**4** 3번 툴을 사용해서 각진 컷(약 60°)을 만들기 위해 비드의 중심에서 벗어나서 출발하는 유사한 형태로 같은 공구를 사용하라.

### 부스러기 조각 없애기

**5** 부스러기는 떨어져 나가야 한다. 그렇지 않으면 당신은 수직의 스탭 컷을 반복할 수 있다. 비드의 다른 쪽에 절삭날을 닿게 하고, 꼭대기에서 약 4분의 1 정도의 거리에서 그 컷을 시작해라. 로프를 생각하고 바로 필렛 위의 끝 주위에서 그 컷을 이동시켜라. 작업해나가면서 깨끗이 치워라.

**6** 3번 툴로 이전처럼 비드 위에 닿으면서 다른 쪽에 각진 컷을 반영하라. 두 번째 조각은 떨어져 나가야 한다. 그렇지 않다면, 수직의 스탭 컷을 반복할 필요가 있을 것이다. 알맞은 컷을 얻는 데는 약간의 연습이 필요하다. 당신은 그 컷에 꼭 그렇게 적절한 압력을 두어야 하지만, 그럴 때 현저하게 빠르고 효과적인 몰딩이 된다.

# 리본 & 스틱 몰딩

이것은 우리의 몰딩 중에서 가장 까다로운 것이다. 초보자는 종종 약간 힘을 지나치게 써서 산산조각내기도 한다. 당신은 하나의 릴리프 조각에 불과한 중앙의 작은 막대를 감싸고 있는 리본의 효과, 환상을 심으려 하고 있다. 로프 몰딩에서처럼 리본과 스틱은 한쪽 방향으로만 돌려진다는 것에 주의하라. 다시 말하면, 그것은 오른쪽이나 왼쪽 방향으로 감길 것이다.

완성된 몰딩을 들여다보고 직접 반복 패턴을 정해라.

공구 번호는 리스트(p.69)에 있다.

리본과 스틱 몰딩

## 레이아웃

1 5번 툴을 사용하여 피시테일 끌의 폭에 4분의 1을 더해 같은 넓이로 몰딩을 따라서 표시해나가라. 3번 툴을 사용하여 로프 몰딩의 2와 3 단계에서 했던 것(p.73)처럼 정확하게 비드 주위와 블랭크 비드의 전체 길이를 따라서 구불거리는 컷을 찔러라. 아래로 파들어 가지는(언더컷하지는) 말라!

## 플랫 만들기

2 비드 높이의 3분의 1 정도 아래로 모든 다른 단위(유닛) 안에 있는 이 컷들 사이의 나무를 평편하게 만들기 위해서 끌(1번 툴)을 사용하라. 여기서는 결을 따라서 나무를 깎는 것에 주의해라. 이 플랫(평편한 면)들은 막대의 상단 표면이 된다. 리본 사이에 들어맞는 폭을 가진 끌을 선택해라. 리본의 엣지들을 보호하고 실수로 지렛대로 사용하거나 깎아내지 말라.

## 막대 만들기

3 마음속으로 플랫의 폭을 삼등분해라. 그 가운데 부분이 스틱이다. 끌(1번 툴)의 엣지가 각각의 끝에서 리본을 터치하도록 이 가상의 선들 중 하나를 따라서 놓아라. 이제 막 당신은 막대의 각 사이드를 잘라내려고 하는 것이고 이것이 출발점이다.

4 끌의 손잡이를 당신 쪽으로 끌어당겨라. 그 가상의 선을 따라 끌의 호를 나무에 찔러 넣어 모서리를 펴내라. 공구는 수직으로 유지해라. 가장 깊은 곳은 당신이 날의 모서리를 푹 찌르는 막대 길이의 중간이다. 반복해서 해라. 플랫에서 플랫을 지나는 스틱이 평평한 선이라는 느낌이 들도록 작업해라.

# 리본 & 스틱 몰딩(이어짐)

5 가우지(3번 툴)로 4단계와 비슷한 방식으로 퍼내는 컷을 만들어라. 손잡이는 낮은 모서리가 당신이 만든 컷과 만나도록 호를 내려 그릴 수 있도록 다시 당신 쪽으로 향할 것이다. 이 컷은 오렌지 알갱이 같은 모양의 나뭇조각을 배출한다.

## 깊이 만들기

6 3번 툴을 사용하여 굽은 대로 리본의 선을 따라라. 리본과 필렛 사이의 연결지점으로 두 개의 수직 컷을 만들어라. 우리는 리본이 막대 주위로 지나가는 것 같은 착각을 더 많이 받도록 하고 있다. 리본 엣지의 선을 미끈하게 유지해라.

7 2번 툴을 사용하여 끌의 날을 필렛에 미끄러뜨린 채 나무의 작은 삼각형을 잘라내라. 이 조치는 당신이 완두 몰딩에서 한 것과 꼭 같다. 결과는 리본이 막대의 후면을 돌아가는 것처럼 리본의 아래쪽을 보고 있다고 느끼는 것이어야 한다.

## 리본 전개하기

8 4번 툴을 사용하여 리본의 각 부분의 중심선을 따라 작은 홈을 만들어라. 그것은 필렛까지 돌아 감기기 때문에 점차 옅어지면서 가운데가 더 굵어야 한다. 이 선은 몰딩에 약간의 솜씨를 부가할 뿐만 아니라, 관찰자가 리본의 구불거리는 성질을 알아보게 도와준다.

## 모서리와 레이아웃 만들기

나무의 방향이 급격하게 변할 때, 조각된 많은 몰딩들은 실패로 끝난다. — 그것들은 분명히 쓸모가 없다.

많은 초보자들은 스스로 틀림없이 뭔가 잘못하고 있다고 생각하지만 그렇지는 않다. 그것은 야수의 본성이다. 많은 몰딩 디자인은 직선으로 작업되지만, 90˚ 모서리를 넘을 때는 그렇지 않고 그런 형태가 가장 흔하다. 예를 들면, 당신은 모든 다른 완두에 적합한 방법으로 모서리에 둥근 완두를 결코 배치할 수 없고, 또한 90˚ 주변에는 심플하게 로프나 리본 앤 스틱을 흐르게 할 수도 없다. 드로잉을 해서 이것을 스스로 입증해라. 이런 어려움 때문에, 당신은 몰딩하는 것을 멈추고서 모서리가 몰딩되어 있거나 다른 디자인으로 조각되거나, 아니면 심플하게 브랭크로 남겨진 모서리 등을 찾을 것이다. 당신이 알게 될 끔찍한 것은 조각가가 모서리를 얼버무리고 유닛 디자인을 부적절하게 단순히 구부리거나 왜곡하고는 아무도 알아차리지 않기를 바라는 데 있다.

몰딩에서 반복된 길이의 유닛을 고안하고 길이의 중앙에서 바깥쪽으로 당신의 레이아웃을 계획해라. 바로 모서리 가까이에서 당신의 조각을 멈추는 것이 그것을 처리하는 가장 심플한 방법이다. 좀 더 많은 경험으로 당신은 블랭크를 채울 어떤 다른 장식용 디테일을 개발할 수 있다. 아이디어를 위해 가구 위의 것들이나 미술관에서 몰딩을 찾아라.

하지만 어떤 사람들은 몰딩이 중독성이 있다는 것을 알게 되고, 일단 당신이 그들의 작업방법 — 그것들이 단순한 컷으로 연속적으로 개발되는 방법 — 을 배우면, 더 정교하게 조각된 몰딩이 몰입하게 하는 도전임을 알 것이라고 나는 경고한다.

# 표면, 선, 그리고 연결점

어떤 조각이라도 재료인 나무 — 덩어리 — 로 이루어져 있다고 말하는 것은 전혀 놀라울 일도 아니다. 그리고 덩어리는 공간을 차지하므로 모든 조각은 공간을 차지한다. 이 아주 자명한 사실은 조각가에게 많은 중요한 결과와 고려사항을 일러준다.

물체와 공간이 만나는 곳에서, 당신은 표면을 찾는다. 그리고 당신은 표면을 가져야만 한다. 우리가 보고 만지는 것이 표면일 뿐이다. 당신은 단지 그 표면만 보거나 만질 수 있을 뿐, 절대로 물체 그 자체를 그릴 수는 없다.

그리고 이제 어디서 다른 물체의 표면들이 만나는지 생각하자. 그것들은 우리가 연결점(정선)이라 부르는 평면의 전환에서 만난다. 예를 들면, 꽤 뚜렷하고 명백한 연결점은 양각된 조각 물체의 윤곽과 그 배경 사이 또는 조각 안의 입체적인 요소와 또 다른 것 사이에서 나타난다.

명백한 연결점은 또한 꽤나 분명히 선의 한 종류이다. 평면의 더 미묘한 변화는 더 부드러운 연결점을 만들고 따라서 또한 선도 만들어 낸다. 당신은 표면 안으로 작업하는 툴의 면들 사이에서 생기는 절제된 선들도 볼 것이다. 그러나 조각에서 발견되어야 하는 또 다른 종류의 선은 머리카락이나 털에서처럼 표면에 실제로 그려진 것이다.

여기에 핵심이 있다. 물리적으로 그것은 어떤 새김이나 조각이 구성하는 모든 것이다. 즉, 표면(물체가 공간을 만나는 곳), 연결점(표면이 만나는 곳), 그리고 선(평면의 더 강하고 더 미묘한 변화, 그려진 선과 연결점 자체를 포함), 그 세 가지가 당신이 다루는 것들이고, 그 각각은 자체의 적절한 몫을 가져야 한다.

그 표면, 연결점, 선이 깔끔하지 않게 불명확하게 단순히 비사실적으로 달리며 형편없이 작업되었기 때문에, 엄밀히 말하면 아주 여러 번 조각은 실패한다. 체크리스트처럼 그것에 대해 생각하라. 당신이 진행할 때와 당신이 끝냈다고 말할 수 있기 전에 모든 표면 연결점, 그리고 선에 대해 고려하라. 그것들을 살펴봐라. 그것들을 고려해라. 그것들을 판단해라. 그리고 만약 필요하다면 그것들을 수정할 수고를 해라.

AND · COMING · AROUND · AND · GOING · AROUND

Chapter 7

# 베이너와 V자형 툴

베이너는 작고 깊은 가우지이다. 그것의 중요한 기능은 선을 새기는 것이다. 그 이름은 보통 넓이가 ⅛"(3mm) 이하이고, 반원형(#9)이거나 더 깊은 (#10 또는 11인데, U자형에 더 가깝다) 스윕을 가지는 가우지를 칭한다.

V자형 툴은 실제로 비스듬히 결합된 두 개의 끌이다. 그것은 전통적인 조각가의 필수적인 장비의 한 부분이며, 다양한 쓸모가 있고 벤치 위에서 거의 사용된다. V자형 툴은 실제로는 베이너가 훨씬 더 좋은 공구일 때, 일반적으로 작품의 표면 위에 직접적인 선을 새기는 데 선택된다.

베이너는 요즈음 무시되는 공구의 일종이다. 대신에 많은 조각가는 생각하지도 않고 선을 새기는 데 V자형 툴에 손을 뻗지만, V자형 툴과 베이너가 서로 다르고 뚜렷한 효과를 만들기 때문에 이것은 실수일 수 있다. 이 장에서 나는 베이너에 탁월함을 줄 것이다. 그것은 알 만한 가치가 있고 당신의 창고에 소장할 만한 공구이다. 동시에 우리는 전통 조각에서 매우 좋아 보이는 그 길고 휩쓰는 선들을 그리기 위해 베이너를 사용할 때, 저각도 그립(p.46)으로 더 많이 연습할 기회를 가질 것이다.

베이너는 가늘게 이어지는 선들에 사용될 수 있다. ≫

# 차이점들

두 가지 공구가 심플한 선을 새기는 데 서로 교체될 수 없는 이유를 알려면, 당신은 작동하고 있는 이 공구들을 클로즈업하고 그것들이 돌아가는 방법에서의 두 가지 중요한 차이점을 살필 필요가 있다.

## 용골과 사면

V자형 툴을 이루는 두 개의 끌은 각각의 사면을 가지고 있다. 비스듬히 결합되면, 이 끌들의 측면이 만나서 제3의 사면을 만들어낸다. 그것이 용골이다. 용골의 선을 보기 위해 V자형 툴을 뒤집으면, 그것이 부드럽고 다소 둥글어져 있지만 본래 금속의 직선으로 보일 것이다.

당신이 정상적인 방법으로 V자형 툴을 나무에 댈 때 그것이 이 제3의 사면인 용골인데, 그것은 표면에 기대어 있다. 또한 당신이 V자형 툴의 비스듬한 절삭날을 홈 안으로, 그리고 홈을 따라서 밀어 넣을 때 용골이 분명하게 뒤따른다. — 그리고 여기에 아주 문자 그대로 크런치가 놓인다.

이것을 시도해보라

1. V자형 툴로 얕고 구불거리는 컷을 그려라. 당신은 직선의 용골이 나무의 표면 위로 이상하게 솟아올라 있는 것을 볼 것이다.
2. V툴로 더 깊숙한 곡선의 홈을 새겨라. 이제 용골은 방금 만든 홈 안에 더욱더 앉아 있다.
3. 좀 더 깊게 곡선을 새겨라. 똑바른 용골이 홈의 곡선에 대항할 때, 그 홈의 벽과 표면, 그리고 엣지에 흠을 만들고 쥐어뜯는 지점이 온다.

V자형 툴의 컷(왼쪽)과 베이너 컷(오른쪽)의 비교

결과는 곡선이 더 얕을수록(더 길수록) V자형 툴로 더 나은 선을 그릴 수 있다는 것이다. 그와 반대로, 베이너는 짧은 사면을 가지고 있는데, 그것은 V자형 툴의 용골처럼 그 홈에서 엉기는 똑같은 문제와 같은 어떤 것도 가지지 않는다. 그렇지만 베이너조차도 타이트한 곡선에 관해서 제한되고 우리가 프로젝트에서 볼 것처럼, 당신은 가장 타이트한 것을 위해 가우지로 바꿔야만 할지도 모른다. 그래서 당신은 V자형 툴로 가벼운 곡선을 그릴 수 있지만, 여전히 베이너가 더 선호되는 또 다른 이유가 있다. 그것이 더 나은 음영을 가진 더 타이트한 선을 만들어내기 때문이다.

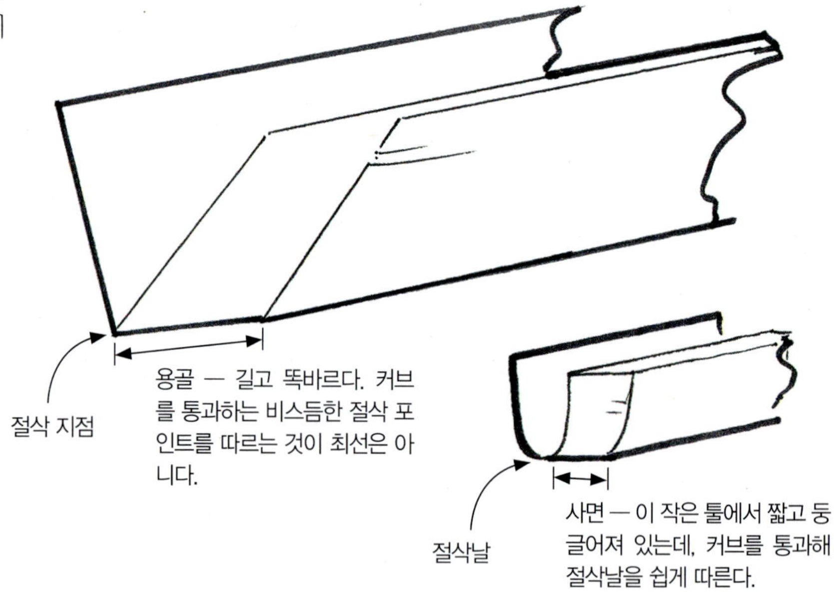

## 측면 벽

가장 흔히 사용되는 V자형 툴은 60° 각도로 홈을 파고, 비록 당신이 더 날카로운 홈을 파는 45° 각도를 살 수 있지만, 그 자체로 벽은 항상 경사가 진다. 그와는 다르게 베이너는 수직의 벽을 가지며 그 홈의 엣지는 따라서 더 명백한 음영을 갖는다.

당신은 V툴과 베이너의 선을 합칠 때까지 이것이 작은 포인트라고 생각할지도 모른다. 그 차이점은 즉시 명확하다. — 그리고 피아노에서 두 인접한 음 사이의 차이라는 점에서 중요하다.

따라서 이 맥락에서 베이너는 평편한 표면 위에 간단한 선을 그리는 데 더 좋은 공구이다. 그것은 더 타이트한 모서리를 더 쉽게 지나게 할 뿐만 아니라, 더 날카로운 선을 만들어낼 것이다.

나는 다음의 프로젝트에서 베이너를 가지고 작업할 것이지만, 왜 당신은 V툴로 프로젝트를 반복하면서 이 공구들의 서로 다른 가치를 확신하지 않는가?

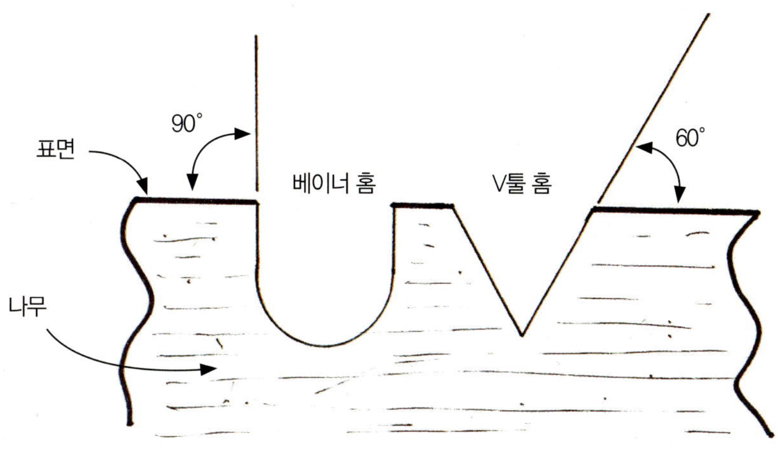


베이너의 벽은 표면과 수직으로 만난다. 항상 더 명백한 음영이 있을 것이며, 따라서 표면과 비스듬히 만나는 V툴의 것보다 더 강해 보이는 선이 있다.

# 연습 프로젝트

이 프로젝트에서 우리는 저각도 그립(p.46)을 사용하여 이어지는 컷을 주로 연습할 것이다. 커브가 베이너를 사용하기에 너무 타이트하게 될 때마다 우리는 고각도 그립(p.50)으로 잡은 가우지를 들고 초승달 컷이나 슬라이싱 컷으로 선을 새겨야만 할 것이다.

## 디자인하기

나는 베이너로 새길 매혹적인 역사를 지닌 간단한 선을 골랐다. 우리는 세 가지 다른 방법으로 그 디자인을 작업할 것이고 이 공구 자체와 그 친구들의 약간의 도움을 받아 얻을 수 있는 일종의 효과들의 작은 샘플을 볼 것이다. 당신은 우리가 여기서 하는 것과 같은 방법으로 꽃, 야생동물, 심지어 레터링까지 많은 다른 주제들을 다룰 수 있다. 깔끔하고 간단하며 유연한 선들과 최고의 효과를 위해 많은 내적 공간을 가진 디자인을 선택하라.

픽트족은 지금의 스코틀랜드인 곳의 토착부족인데, 로마의 영국 점령기에 유명한 하드리아누스 방벽의 다른 한쪽에서 살아 남았다. 그들은 결국에는 10세기쯤에 인접한 켈트족에 흡수되어 역사에서 사라졌다. 그들이 어떤 문자도 남기지 않았고 단지 불가사의한 돌 조각만 남겼기 때문에 우리는 픽트족에 대한 입증되지 않은 증거만 가지고 있을 뿐이다.

이 조각들 중 하나는 버그헤드의 황소로 알려져 있다. — 돌 표면에 단순히 디자인의 선들을 쪼아서 만든 초기 픽트족의 새겨 넣은 스타일의 아름다운 7세기의 전형이다.

이 우화같이 새긴 평판은 주된 픽트족 요새의 유적지인 동북 스코틀랜드 머리만의 해안에 있는 버그헤드에서 함께 발견된 6개의 유사한 석판 중 하나이다. 이 받침판 없이 서 있는 조각품들의 용도와 의미는 완전히 이해되지 않고 있다. 그것들은 아마 기념비이거나 왕족을 찬양하거나 심지어는 힘과 공격성에 대한 전사 숭배의 일부일지도 모른다.

당신은 1,300년 이상 지난 디자인을 따르고 있는 것이다. 그리고 이 시대를 가로질러 우리는 여전히 유연한 선과 소용돌이무늬로 강조된 그 근육과 관절을 가지고 강인하고 자연스러운 포즈를 지닌 버그헤드 황소를 볼 수 있다. 나는 주로 나선형을 확대하고 발을 단순화한 디자인으로 바꿨다.

## 나무

선이 표면의 빛에 작용하는 그림자와 같은 홈에 불과하기 때문에, 우리는 강하게 그려진 나무 위에 선을 그린다. 위장 효과를 피하기 위해 린덴목, 참피나무, 자작나무, 협죽도목, 단풍나무, 미국 플라타너스와 같은 밝고 담백하고 옅은 나무가 최고로 효과 있다.

또한 우리가 나무에 채색할 것임을 기억해라. 그리고 만약 당신이 예를 들어 갈색 나무를 파랗게 염색한다면, 그 갈색은 파란 색깔을 우중충하게 변하게 할 것이다(여기서 최선의 해결책은 염료를 사용하기 전에 나무를 탈색시키는 것이다).

당신은 이 장에서 세 개의 프로젝트에 세 조각의 나무를 필요로 할 것이다. 나는 하나의 두꺼운 협죽도목 블록 — 10" × 6" × 4"(250mm × 150mm × 100mm) — 을 사용했고, 내가 그것을 완성했을 때 각각의 프로젝트에 맞게 잘라냈다.

> **유연한 선들**
>
> 이 조각의 멋진 모습들은 유연한 선에 달려 있다. 먼저 여분의 나무에 연습해라!

## 당신의 드로잉 옮기기

나는 내 드로잉을 종이에서 나무로 옮기는 가장 쉬운 방법이 단순히 볼펜으로 꽉 누르는 것임을 알았다. 이것은 빛을 따라 비추면 쉽게 보이는 나무의 표면에 자국을 남긴다. 실제로 당신은 자국을 돌아가며 그릴 필요는 없지만, 어떤 새겨지지 않은 표시라도 완성되면 제거될 수 있는 한 도움이 된다면 그렇게 해라.

나는 내가 눌렀던 곳이 더 잘 보일 수 있도록 종이 위에 표시하기 위해 파란색에서 빨간색까지 볼펜을 바꿔가며 각 프로젝트에 같은 드로잉을 사용했다.

## 재료와 공구

- 세 조각의 블랭크로 슬라이스된 10"×6"×4"(250mm×150mm×100mm)의 나무, 또는 세 개의 10"×6"×½"(250mm×150mm×13mm)의 선택된 금색의 옅은 나무(참피나무, 자작나무, 협죽도 나무, 또는 시카모어)
- 선택된 어두운 바니시(나는 다크 브라운을 사용한다)
- 적색 염료나 스테인, 또는 선택된 염료
- 금색의 구아슈 페인트나 (상점에서 구할 수 있는) 도금용 왁스
- (염료에서 손을 보호해줄) 고무장갑
- 베이너. 나는 Pfiel 2mm×컷 #11을 사용하지만, 어떤 ⅛"(3mm)나 더 작은 #9–#11의 가우지(Sheffield 리스트)가 잘 맞을 것이다.
- 빗끌 또는 나이프(홈을 팔 때 부스러기의 끝을 잘라내기 위해)
- #3 가우지들 : ⁵⁄₁₆"과 ¼" 또는 ½"(8mm와 6mm, 또는 13mm)
- ⁵⁄₁₆"(8mm) #6 가우지
- ¼"(6mm) #7 가우지
- ¼"(6mm) #8 가우지(이 마지막 세 가지는 나선형 마무리와 타이트한 커브를 만드는 데 사용된다. 당신은 그 디자인을 보유한 가우지에 맞춰 조정할 수 있다)
- 계시기(줄치는 자막대기)나 V자형 툴
- 프로스팅(유리 입힌) 툴(아래를 보라)
- (바니시 바르기 위해) 선택된 브러시
- (염료 칠하기 위한) 가늘고 통통한 브러시
- (금색 페인트칠하기 위한) 작고 통통한 브러시

볼펜으로 윤곽을 따라 그려 패턴을 나무에 복사해라.

180%로 패턴 복사

# 프로젝트 1 : 간단한 선

여기서 우리는 대부분 드로잉 같은 조각을 갖는다. 나는 원래 바바리아에서 이와 같은 뭔가를 보았는데, 거기서 민속 예술가들은 먼저 목재 볼의 안쪽을 진하게 니스 칠하고 나서 손바닥 가우지와 베이너를 가지고 꽃이나 다른 패턴을 그 밑에 있는 나무 속으로 쪼거나 자른다.

단순한 선의 황소 조각

## 방법

바니시의 진한 색을 나무 위에 칠함으로써 시작하라. 당신은 나처럼 갈색을 사용할 필요는 없다! 나는 여러 번 칠이 필요했다. 그 색상은 표면에 안착해야 하고 예를 들어 스테인처럼 나무속으로 흡수되면 안 된다. 차라리 잉크로 그리는 드로잉처럼, 당신은 한 방에 선을 새겨야 한다. 가이드로 드로잉을 보라. 당신이 그린 것을 팽팽하게 그대로 뒤따르는 것보다는 유연한 선을 새기는 데 집중하는 것이 더 낫다.

### 긴 커브를 이어라

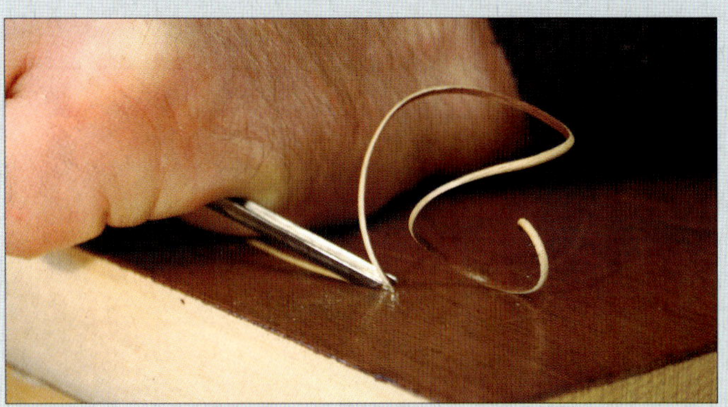

1 베이너로 황소의 긴 커브를 물 흐르는 듯하고, 계속적이며 고르게 새기면서 시작하라. 플랫(구불거리는 선이 되어야 하는 곳에 만들어지는 직선 부분) 만드는 것을 피하도록 하라. 당신은 고른 깊이를 유지함으로써 베이너 컷에 고른 폭을 가진다. 비록 나는 여기서 그렇게 못하지만, 더 얇거나 더 깊게 새김으로써 선의 폭에 변화를 주는 것이 다른 디자인에는 예술적인 옵션이 된다는 것을 명심해라.

2 깎아내는 부스러기를 잡아당기거나 뜯어내지 말라. 또 다른 선으로 홈의 끝을 자를 때까지 기다리거나 빗끌의 끝으로 그 끝부분을 뚝 잘라내라.

3 손을 바꾸고 공구의 모서리를 깨끗하게 유지해야 하는 것을 잊지 말라. 커브가 더 타이트해 질수록 팔꿈치를 안으로 붙이고 몸은 공구의 뒤쪽으로 움직여라.

# 프로젝트 1 : 간단한 선(이어짐)

타이트한 커브 새기기

4 커브가 팽팽해지고 베이너로 할 수 있는 한까지 나가면, 가우지로 바꿔 고각도 그립으로 크레센트 컷과 슬라이싱 컷으로 마무리를 해라. 나선형의 끝, 눈, 그리고 갈라진 발굽이 그런 곳일 것이다. 그리고 단순하고 즉각적인 효과가 정말 다 됐다. 나는 당신이 드로잉과의 유사성을 볼 수 있고, 최고의 효과를 얻기 위한 안정적인 손과 훌륭하고 정확한 공구 통제력의 필요성을 알 수 있을 것이라 확신한다.

# 프로젝트 2 : 카보 릴리에보 음각

카보 릴리에보(19세기 후반 이탈리아의 음각 형태)는 대상이 원래 표면의 아래에 놓이는 릴리프 조각의 한 유형이다. 이집트의 벽 조각은 흔히 이 기법을 보여준다. 주위의 표면은 주제가 돌에 새겨 들어가는 것처럼 평평하게 건드려지지 않는다.

우리는 지난 프로젝트에서 한 작업을 버그헤드 불의 단순한 음각 버전으로 전환하려 한다.

## 방법

- 무늬 없고 가공되지 않은 나뭇조각을 새로 준비하라.
- 종이를 표면에 눌러서 다시 드로잉을 복사해라.
- 이전의 프로젝트에서와 똑같이 버그헤드 불의 디자인 전체를 새겨라. 이것은 아주 얇은 릴리프이고 당신이 할 일은 중첩하고 있는 것을 보여주는 동안 대상에 작은 형태를 주는 것이다. 그러므로 시작하기 전에 드로잉을 보고 어느 것이 높은 지점인지 ― 달리 말하면, 황소의 어느 부분이 표면과 같은 수위이고 어느 것이 뒤로 가는지 ― 결정하라.

카보 릴리에보 황소 조각

### 부스러기 문제

만약 깎아낸 부스러기가 처음의 홈보다 약간 더 깊게 새겨서 떨어져 나오지 않으면, 같은 공구나 빗끌을 고각도 그립으로 잡고 부스러기를 끄집어내기 위해 베이너 홈의 수직벽을 따라서 가볍게 그 코너나 엣지를 지나라. 비법은 그 두 개의 컷이 말끔하게 만나게 하는 것이다.

# 프로젝트 2 : 카보 릴리에보의 음각(이어짐)

황소 깎기

1 평편한 가우지(¼"–½"[6mm–13mm]#3)를 골라 거꾸로 뒤집어서 베이너로 만든 홈의 바닥까지 황소의 엣지를 깎아내려라. 이 컷이 몸에 합쳐지도록 해라. 가우지를 뒤집어서 사용하라.

2 더 높은 부분에서는 컷을 멈춰서 다양한 레벨을 처리하면서 디자인 전체에 이 벽을 만들어라. 자유로이 나선들을 다루는 방법을 선택하라. — 어느 부분을 높이고 어느 부분을 낮출 것인가. 윤곽선을 강조하라(더 강한 음영을 주어라).

# 프로젝트 3 : 프로스팅(또는 매팅)

이번에 우리는 황소 주위의 배경에 질감을 줄 것이다. 즉시 당신은 아주 작은 노력으로 그 방법을 알 것이고, 우리는 디자인이 도드라지게 하고 단순한 선 드로잉에서 한 종류의 양각으로 바뀌게 할 수 있다. 릴리프는 여기서 우리가 하는 것에 대한 일종의 거창한 용어이다. 어쨌든 그것은 똑같은 선 드로잉이고 수정되지 않는다. 그러나 전에는 없었던 곳에 임팩트가 있다.

프로스터 혹은 프로스팅 공구는(또한 매팅 공구라 불린다) 금속 펀치인데, 그 끝은 작은 사각의 피라미드 모양 이빨을 가지고 있고, 다소 고기 연육용 맬럿처럼 보인다. 당신은 목공 가게에서 그런 펀치를 구매할 수도 있고 볼트와 삼각줄로 스스로 제작할 수도 있다.

가장 흔하게 쓰이는 프로스터는 16개의 이빨이 있는 사각형의 그리드(이와 같은 짝수가 만들기가 가장 쉽다)를 지닌다. 당신은 더 큰 부분이나 더 작은 부분에 맞게 2, 4, 6 등의 어떤 수로 된 한 줄이나 보조 사이즈의 이빨로 된 여러 줄의 프로스터를 사거나 만들 수 있다.

황소 조각의 프로스트 버전

## 방법

- 다시 한 번 무늬 없고 가공되지 않은 나무를 선택하라.
- 종이를 통과하게 표면을 눌러서 당신의 드로잉을 다시 복사하라.
- 첫 번째 프로젝트와 정확히 같게 버거헤드 불 디자인 전체를 다시 조각하라.

# 프로젝트 3 : 프로스팅(또는 매팅)(이어짐)

## 프레임 만들기

1 프레임을 표현하기 위해 모서리 둘레에 선을 추가해라. 나는 선에 자국을 내기 위해 마킹 가우지를 사용하지만, 당신은 베이너나 V툴을 사용해도 된다. 나는 황소가 마치 뭔가의 위에 서 있는 것처럼 보이도록 프레임의 아래쪽 모서리에 겹치게 했다.

3 프로스터를 적절하게 기울여서 황소 주변과 프레임에 계속해라. 결국에는 모든 황소와 프레임이 프로스트되거나 매트된 나무의 힘찬 선으로 윤곽이 그려질 것이다.

## 배경 프로스트하기

2 먼저 황소의 바깥쪽 주위에 작업하라. 한쪽 엣지가 조각된 홈 안에, 그리고 그 홈을 따라서 놓이게 프로스터를 기울여라. 망치로 프로스터를 나무 안으로 확실하지만 세지 않게 두들겨라. 프로스터를 선을 따라서 움직이고 반복하라.

4 이제 프레임의 수평방향 엣지까지 평행하게 앞뒤로 오가면서 배경을 채워라.

## 표면 염색하기

5 프로스팅은 우리의 버거헤드 불을 배경에서 두드러지게 해준다. 다음으로 나는 수성의 적색 염료를 전체표면에 칠했다. 쭈그려지고 프로스트된 배경은 더 많은 스테인을 흡수해서 부드럽고 건드려지지 않은 표면과는 다르게 빛을 반사한다.

## 페인트칠하기

6 금색 구아슈 페인트를 가늘고 평편한 붓으로 프로스트된 부분을 가로질러 톡톡 칠해라. 표면만을 골라서 자국에 레이스 효과를 남기면서 아주 가볍게 칠해라. 색바램을 막기 위해 항자외선 바니시를 사용해라.

# 공간 안으로 만들기

조각할 때, 당신은 나무를 없앤다. 그래서 당신의 마지막 조각품은 실제로 조각되지 않은 나무이다.

조각가는 나무가 아니라 공간을 창조한다. 새김은 쪼아내는(축소하는) 공정이다. 당신은 원하는 것이 남을 때까지 당신의 재료를 축소한다. 여기에 명심해야 할 중요한 아이디어가 있다. 당신은 나무를 깎아 없애지만, 실제 중요한 것은 당신이 남기는 나무이다.

불행하게도, 많은 학생들은 나무를 제거하는 데 매혹되는데, 이것이 그들을 곤란에 빠뜨린다. 그들은 가령 형태를 둥그러지게 더 잘 했을 때 나머지를 파내면서 결국에는 지나치게 많이 없애버린다. 또는 그들은 구멍을 뚫어 시작하고서 그것이 점점 더 커지는 것을 알게 될 뿐이다. 그들은 정신적인 변화를 만들고 자신들이 없애고 있는 것이 아니라 남기고 있는 것에 대해 생각할 필요가 있다.

가우지가 나무를 떠날 때 남겨진 것, 그것의 덩어리, 그것이 다음 덩어리와 연계되는 방법, 표면의 흐름, 선과 엣지 등등에 관심을 두어라.

그래서 뚫는 구멍에 관하여 나무에서 공간을 표현하는 어떤 선이라도 실제로는 수평선이고(p.100을 보라), 삼차원의 엣지이며, 주위의 표면을 침식하여 그것을 만질 때 더 커질 것이다. 구멍을 내버려두고, 형태 — 나무 —를 공간이 있을 곳으로 이끌어라.

형태에 주의하면, 공간은 저절로 처리된다.

Chapter 8

# 셋팅 인 연습하기

V자형 툴과 우리가 했던 선 작업(p.78)과 연결된 이 프로젝트는 당신의 로 릴리프(얕은 돋을새김) 조각에 기반을 닦을 것이다. 로 릴리프 조각에서 깊이는 꽤 얕고, 조각은 가볍고 평편하게 느껴진다. 실제로 여기서 깊이는 우리의 대상 주위로 ⅛"-3⁄16"(3-5mm) 정도일 뿐이다.

간단한 돋을새김 조각에는 세 가지 단계가 있다. 이 프로젝트에서 우리는 단지 1단계와 2단계만을 다룰 것이다.

1. 낮추기, 평탄화하기, 그리고 대상의 안과 주변 배경 마무리하기
2. 정확하게 대상의 윤곽 그리기 — 또한 보이는 솟아오른 대상을 오려내기 때문에 박아 넣기라 불린다.
3. 대상 자체를 모델링하기

주의 : 릴리프 조각의 전 과정을 보기위해서는 내 저서 *Relief Carving : A Practical Course*(CMC)를 참고하라.

**용어**

- 전통적인 조각에서 배경은 종종 단지 그라운드라 부르며, 그것을 구축하는 것은 그라운딩 혹은 그라운딩 아웃이라 부른다.
- 그라운드는 개방될 수 있다. — 측면에서 쉽게 접근되거나 — 또는 폐쇄되며 — 나무로 둘러싸여 닿기가 더 까다롭다. 조각가들은 이 상황들을 능숙하게 다룰 수 있을 필요가 있다.

이 한자 프로젝트로 당신은 얕은 돋을새김 조각기술을 연습할 것이다. ≫

無心

복사한 패턴과 원하는 사이즈

## 재료와 공구

- 무늬가 없고 결이 단단한 나무 $\frac{3}{4}$"에서 1"(19에서 25mm)의 두께 — 오크, 배스우드, 마호가니와 같은 나무
- 일시적으로 붙는 스프레이 접착제
- 트레이싱 페이퍼(투사지)
- 선택된 조약돌이나 작은 돌
- 투파트 에폭시(두 가지 성분으로 나뉘어 있어 섞어 사용하는 방식)
- 무광 아크릴 바니시
- 자 또는 줄치기 자막대기
- $\frac{3}{8}$(10mm) 60° V툴
- $\frac{3}{8}$(10mm) 빗끌
- #3 가우지들 : $\frac{1}{4}$"–$\frac{3}{4}$"(6mm–19mm)의 갖가지 가우지들
- #6이나 #7 가우지들 : $\frac{1}{4}$"–$\frac{3}{4}$"(6mm–19mm)의 갖가지 가우지들
- #8이나 #9 가우지들 : $\frac{1}{4}$"–$\frac{1}{2}$"(6mm–13mm)의 갖가지 가우지들
- 갖은 숏 벤트 가우지들과 끌들(기본적으로는 당신이 가지고 있는 것이면 무엇이나)

## 디자인

바로 시작부터, 나는 우리가 여기서 하려는 것이 전적으로 대상과 독립되어 있다는 것을 강조하고 싶다.

나는 우리가 중요하고 기본적인 조각 기법으로 어떤 훌륭한 연습을 하도록 이 디자인을 선택했지만, 그 디자인은 실루엣으로서 릴리프로 작용하는 어떤 것일 수도 있다. 예를 들면 어느(히브리어에서 아라비아어까지) 스타일의 어떤 문자거나 단일하거나(모노그래프) 그룹화된 것(집 표시, 텍스트 블록)이거나 심지어는 꽃, 물고기, 혹은 기하학적인 패턴까지. 정말로 당신 자신을 위한 어떤 것이라도 자유롭게 디자인하라. 조각하는 방법은 각각의 경우마다 똑같을 것이다.

당신이 무엇을 선택하든지, 대상의 깔끔하고 정확한 윤곽선이 필요할 것이다. 당신의 선 — 대상의 윤곽선이 될 것 — 을 깨끗하며 단순하고 유연하며 꽤 크고, 성가신 디테일이 없게 만들어라.

또한 나무 섬유소(또한 나뭇결로 알려져 있는)의 강도를 명심해라. 짧은 섬유소는 약하고 깨지기 쉬우므로 당신의 디자인을 점검해서 강도를 조정해라.

내 조각은 간지로 알려진 것의 한 예로 되어 있다. 일본 글자나 문자의 한 형태로 여기서는 보통의 붓글씨 스타일로 적용되었다. 나는 그 작품이 약간 두루마리처럼 벽에 걸려 있다고 생각했다.

나는 한 단어를 만드는 무-심, 두 개의 간지 글자를 가지고 있다. 일본어는 위에서 아래로 읽기 때문에, 그것들을 내 디자인에서는 한 글자 위에 나머지 것을 놓아야만 한다. 무-심은 선종에서 나온 놀라운 개념이고 영어로 그것에 대한 실재하는 동의어가 없다. 당신은 그것이 '텅 빈-마음'이나 '없는-마음'으로 번역되는 것을 알 것이다. 그것은 무한한 능력과 잠재력을 가진다는 의미에서(존재하지 않는다는 것과 반대되는 것으로서!) 비어 있는 마음을 의미한다. 우리의 보통의 일상적인 마음이라기보다는 차라리 일종의 완전한 순수이다. 한때는 무술('물과 같은 마음'으로)에서만 주목되었지만, 그 개념은 이제 현대의 비즈니스에서 차용되었다. 그 간지에 맥락을 주기 위해 — 우리가 더 귀중한 조각연습을 할 수 있게 할 뿐만 아니라 — 나는 아래쪽의 돌 주위에 흐르는 물의 패턴을 추가하였다.

## 비평

당신이 그 디자인을 복사하기 전에, 이 논쟁을 불러일으키는 요소들을 고려하라.

숙고해보면, 그 조각이 완성될 때, 나는 수직의 표면에 놓인 돌멩이가 실제로 작용을 하는지 아닌지 확신하지 않았다. 이는 논리와 중력을 거스르기 때문이다.

돌멩이 또한 나에게는 디자인에서 조금 지배적인 것처럼 보였다. 더 작고 더 평편한 돌이 더 가볍고 덜 지배적이며 더 균형감이 있었을 것이다. 반면에 간지 표면의 색칠은 결국에는 이 요인들을 강화시켰을 것이다. 그리고 아마도 깊숙한 상자 같은 틀에 전체 작품을 배치하는 것은 돌멩이의 어떤 고립된 지배력을 없앴을 것이다.

## 목재

오크, 라임, 배스우드, 마호가니 같은 단단한 결을 가진 나무가 이상적이지만 무늬 없고 조각할 수 있는 어떤 나무라도 충분하다. 간지와 디자인이 수직으로 읽히기 때문에, 나는 나뭇결 또한 이 방향으로 향하게 한다. 수평적으로 읽히는 서양의 글자는 가로의 결을 가지는 것이 더 나아 보인다. 우리의 조각이 꽤 얇고 물의 선이 아주 깊지는 않으므로 당신은 단지 ¾"-1"(19-25mm) 두께를 사용하기만 하면 된다.

## 공구

나는 작업의 대부분에 보통의 조각 툴을 사용한다. 우리의 진짜 도전이 있는 곳은 닫혀 있는 그라운드에 놓여 있다. 이것들과 배경에 있는 다른 어색한 부분들과 모서리들에 맞는 몇 가지 특수한 굽은 조각 툴이 있다.

## 도안 그리기

1 조각을 제대로 시작하기 전에 나는 배경의 높이 유지를 돕기 위해 마킹가우지로 보드의 디자인 엣지 주위를 약 $\frac{1}{8}$"-$\frac{16}{3}$"(3–5mm)의 두께로 배경의 깊이를 정한다.

2 나무 위에 디자인의 윤곽선을 그리거나 여기서 내가 했듯이 나무 위에 그 패턴의 복사본을 풀로 붙이기만 해라. 나는 가볍게 고정해주는 일시적으로 붙는 스프레이 접착제를 사용했다. 그래서 종이는 더 이상 필요하지 않을 때 쉽게 벗겨질 것이다.

## 대상에 선파기

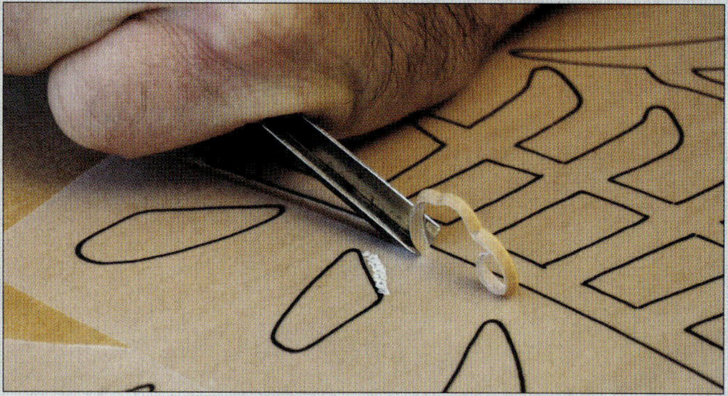

3 대상에 대강의 윤곽선을 주면서 시작하라. 선의 버려지는 쪽에 V툴로 각 요소의 주위에 트렌치를 만들어라. 이것이 라인잉 인(선파기)이라 부르는데, 당신이 주변의 쓰레기를 치울 때 다른 것들 사이에서 대상이 우연한 손상을 입는 것을 막아준다. 돌멩이와 물줄기는 잠시 동안 내버려둬라.

4 요소들에 윤곽선 만들기를 계속하라. V툴을 저각도 그립으로 잡고 부드럽고 유연한 선들로 모든 요소들 주위에 흐르게 하라. 닫힌 그라운드 안에 당신이 할 수 있는 한 최선을 다해라.

5 작정한 배경보다 더 깊게 들어가지는 마라. — 최종의 표면 바로 위까지 들어가라. 사소한 디테일은 무시하라. 우리는 이것들을 파들어 갈 때 더 나중에 다룰 것이다.

배경 낮추기

6 당신은 라우터를 사용할 수도 있지만, 당신의 조각 표면이 평편하기보다는 둥글지(볼록할지) 모른다는 것을 고려해라. 그러면 라우터는 쓸모가 없을 것이다. 그래서 그것은 능숙하게 높이를 낮추고 고르게 할 만한 가치가 있다. 이와 같이 가벼운 돋을새김에는 중간 가우지(#6이나 7)를 사용하라. 깊이가 더 커지는 곳에 속도를 내기 위해서는 더 빠른(더 깊은) 가우지(#8이나 9)를 사용해라.

## Tip : 비스듬하게 자르기

나무 섬유소를 가로질러 비스듬히 자를 때, V툴의 한쪽은 결 방향으로 다른 쪽은 결과 반대로 자른다는 것을 기억하라. 항상 V자 홈의 멋지거나 부드러운 쪽을 대상 다음에 두고 거친 쪽을 파내버리는 쪽에 두어라.

7 계속 주의 깊게 배경을 낮춰라. 닫힌 그라운드에는 더 좁은 가우지를 사용하라. 여기서 당신이 할 수 있는 최선을 다하기만 하라. 나중에 분리된 유닛처럼 좁고 폐쇄된 그라운드를 다루기가 더 쉽다. 동시에 물줄기 위에 선을 만들기 위해서는 가우지를 사용하라.

## 배경 낮추기

- 가우지의 모서리는 나무가 묻어 있지 않게 하고 보드의 바깥쪽에서부터 작업해 들어가라.
- 나뭇결을 가로질러 작업하라. — 이것은 당신이 나뭇결 방향으로 파들어 갈지 아니면 결과 반대로 작업할지 계산해야 하는 것을 막아주며 나무부스러기들은 떨어져 내릴 뿐이다.
- 되는 대로 하기보다는 저각도 그립을 사용하여 길고 흐르는 컷으로 체계적으로 작업하라. — 그것이 결국에는 훨씬 더 빠르다.
- 공구를 컨트롤하라! 그것을 당신의 대상에 부딪치지 말라.
- 최종의 표면 깊이 아래로 들어가지 않도록 또한 주의하라. 당신은 V툴 컷의 깊이에 닿아야만 한다.
- 트렌치의 바닥에 대해서 생각하고 그것이 대상의 아래로 지나가는 것처럼 보이도록 최종 표면 바로 위에 두는 것을 목표로 삼아라.

## 배경 평탄화하기

- 저각도 그립을 사용하고 나뭇결까지 직각으로 작업하고 절삭날을 왼쪽에서 오른쪽으로 슬라이스하라. p.61의 '슬라이싱 컷'을 보라. 이 슬라이싱 작용은 결을 가로질러 날이 지나가기 때문에 효과적으로 결을 따라서 고르게 깎는다. 그래서 만약 당신이 왼쪽으로 자를 때 나뭇결과 반대로 가고 있다는 것을 안다면, 컷을 오른쪽으로 전환해라. 그리고 그 반대도 마찬가지이다. 이런 방법으로 당신은 가장 불편하고 다루기 힘든 섬유소들의 각도를 다룰 수 있다.
- 평탄화 단계에서부터 모든 릿지(솟은 부분)를 매끈하게 만들어라. 뜯겨진 나뭇결이나 다른 흠들이 남은 부분을 결코 지나치지 않도록 체계적으로 작업하라.
- 표면이 평탄하게 유지되도록 배경을 철저히 살펴라. 그것은 기계적으로 평편할 필요가 없다. — 그것은 단지 평편해 보이기만 하면 된다.
- V툴이 남긴 대상 주변의 벽까지 다가오지만, 연결지점을 깨끗이 하는 것을 꺼리지 말라. — 새겨 넣기의 다음 단계에서 이것들을 다루는 것이 더 효율적이다.

### 배경을 평탄화해라

**8** 다음으로 우리는 배경의 표면을 평탄화하고 고르게 만든다. 닫힌 그라운드와 불편한 공간들은 잠시 내버려둬라. 단지 큰 그림을 다루기만 해라. 평편한 가우지, Sheffield 리스트 #30이나 Pfeil 컷 #2와 가능하면 넓은 것을 사용하라. 평탄화된 표면이 또한 완성된 것이기 때문에, 당신의 절삭날이 흠 없이 예리한지 확인해라.

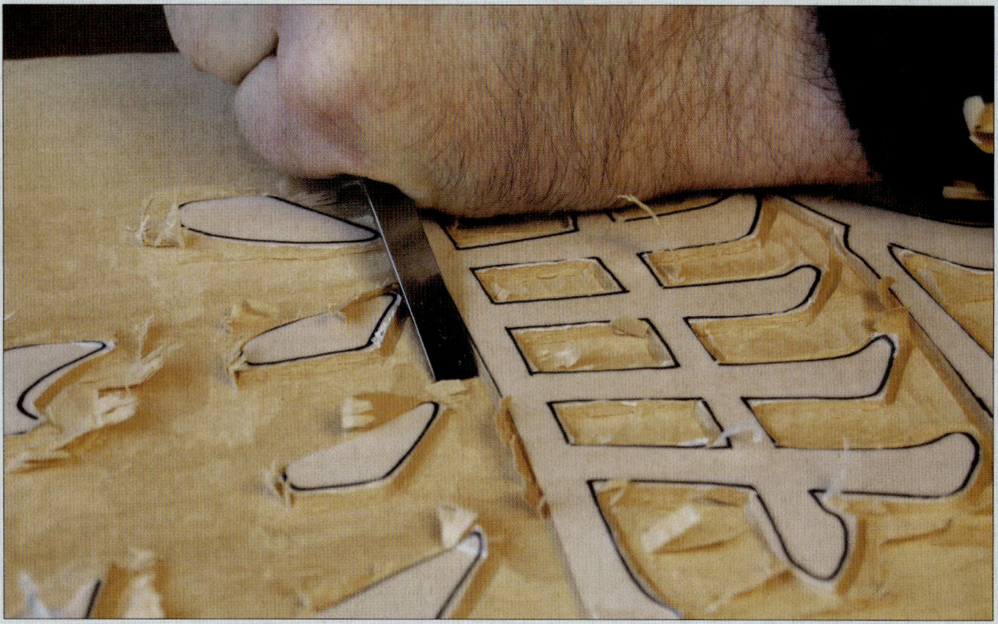

**9** 더 좁은 구석진 곳에 들어가기 위해 더 좁고 평편한 가우지로 바꿔라. 안쪽의 닫힌 그라운드를 가능하면 최선을 다해 평탄화해라.

대상 새기기

**10** 이것은 정확한 윤곽선을 그리는 단계이다. 우리는 대상의 드로잉까지 엄밀하게 마무리한다. 대상의 벽에 약 10–15°로 기대라(그래서 그라운드 위의 풋프린트(차지하는 공간)가 표면보다 다소 더 넓다). 크고 단순한 공간을 먼저 다루고 나서 디테일과 더 불편한 부분에 집중해라. 매칭함(맞춤)으로써 새기기 시작하라(사이드바(옆면)를 보라).

**11** 매칭해서 가능한 한 멀리 갔을 때 새기기로 전환해라. 길고 느린 커브를 새기기 위해서, 고각도 그립과 가장 평편한 가우지를 사용하라.

## 새기기

매칭과 슬라이싱으로 새기는 두 가지 방법이 있다. 두 기법 모두에 고각도 그립을 사용하라. 당신은 표면과 연결 부위 둘 다에서 대상 주위에 부드럽고 계속적인 선을 얻는 것을 목표로 하고 있다. 그래서 당신은 조심해서 분리된 컷을 합칠 필요가 있을 것이다. 그러나 의심의 여지없이 당신은 이 기법들 사이에서 왔다 갔다 해야 할 것이다.

### 매칭하기

- 매칭은 더 단단하고 빠른 커브에 최고로 작용한다. 따라서 당신은 더 구부러진 스윕을 필요로 할 것이다.
- 매칭으로 시작하라. 드로잉의 선들을 따라서 당신이 새기기를 원하는 엣지의 움푹하거나 볼록한 커브에 맞는 가우지를 골라라.
- 고각도 그립으로 벽이 경사지도록 절삭날을 배경 쪽으로 약간 비스듬하게 밀어 내려라. 깊이에 주의를 기울이고 배경 아래로 잘라 들어가지 않도록 해라. 만약 이것이 적절하다면 공구를 끄집어내고 스윕을 따라서 컷을 연장할 수 있다.
- 그 특정한 스윕을 적용할 수 있는 곳을 위해 디자인을 살펴보면서 가능한 한 오래 같은 공구를 사용하라.
- 에워싸인 그라운드를 새겨라. 당신은 쪼개지는 것을 막거나 그렇지 않으면 나뭇결을 컨트롤하기 위해 벽이 모서리에서 만나는 곳이면 어디에나 빗끌로 스톱 컷을 할 필요가 있을 것이다. 가능한 한 멀리 갔을 때 슬라이싱으로 전환하라.

### 슬라이싱

- 슬라이싱은 더 길고 더 느린 커브에 최고로 작용한다. 그래서 당신은 다양한 넓이의 가장 평편한 가우지(스윕이 #3과 #4)가 필요하다는 것을 알게 될 것이다.
- 고각도 그립 : 가우지의 끌리는 코너를 칼끝처럼 하고서 그 절삭날을 칼과 같이 취급하고 엄지로 밀어라. 파들어 가는 것을 막기 위해 가우지의 앞쪽 코너에 나무가 묻지 않게 해라.
- 볼록하거나 오목한 커브를 통과하는 방법을 느끼고, 매칭 컷과 연결하라. 다시 닫힌 그라운드 위에서 작업하라.
- 결국, 대상의 모든 요소들은 지속적이고 유연한 선으로 새겨질 것이다.

배경 매끈하게 다듬기

12 이제 당신의 평편한 가우지로 돌아와서 대상위의 배경을 마무리하라. 당신은 부스러기를 방출하는 데 하나의 또는 다른 새기기 방법들로 돌아갈 필요가 있을 것이다.

## 배경

- 여기서 할 일이나 연습은 평탄하게 유지하면서 배경을 벽까지 끌어오고 깔끔한 연결 부위로 끝마치는 것이다.
- 당신이 그라운드에 특이한 자국이나 불완전함을 남기는 것은 불가피하지만, 정말로 최선을 다해라. 말끔한 연결지점과 표면을 만들어내는 것은 획득해야 할 기본적이고 극도로 중요한 목공 기술이다.
- 당신의 디자인에 따라, 다양한 요소들 사이에 끼어들려면 다양한 넓이가 필요할 것이고, 조각하는 대상물의 벽을 불가피하게 손상시킬 수 있을 것이다. 그리고 사이가 좁으면 좁을수록 공구도 더 좁아진다.
- 더 크고 더 단순하고 더 쉬운 부분을 먼저 처리해라. 그러고 나서 어려운 부위에 조금씩 접근해라.
- 조각과 부스러기를 치우기 위해서 뻣뻣한 조각용 붓을 사용하라. 절대 그것들을 빼내지는 말아라.

13 대상은 약간 경사져 있는 부드러운 벽과 배경과 만나는 깔끔한 연결지점으로 마무리 되어야 한다.

Clean up

14 조각을 완성한 후에 드로잉을 벗겨내라. 평편한 샌딩 블록으로 표면을 닦아라. 일단 원래의 나무로 돌아가면, 깨끗하고 말끔한 선을 위해 다시 대상의 표면 엣지를 점검하라.

## 불편한 곳을 위한 특수 공구들

닫힌 그라운드를 매끈하게 하고 꽉 조이는 코너를 말끔히 하는 것이 주된 도전이 될 수 있지만, 실제로 도움을 주는 몇 가지 공구들이 있다.

바닥 다듬기 혹은 바닥 다듬는 공구는 짧게 굽은(스푼 모양의) 평편한 가우지이거나 때때로 짧게 굽은 끌이다. — 비록 나는 후자(끌)가 덜 유용하다는 것을 안다. 그런 공구들은 직선의 가우지가 우묵한 곳의 위쪽 엣지에서 엉키는 빽빽한 부분에 들어갈 것이다. 다양한 넓이의 선택 가능한 제품들을 보유하는 것이 좋은 생각이다.

직선의 빗끌과 짧게 굽은(스푼형) 빗끌 모두 사각으로 끝나는 바닥 다듬기가 미치지 못하는 급격한 각도나 코너에 들어간다.

짧게 굽은 끌은 왼쪽이나 오른쪽으로 자르면서 짝지어서 들어온다.

그라운딩 툴

빗끌

짧게 굽은 빗끌

물줄기 만들기

**15** 나무 안에 돌멩이를 넣음으로써(우묵한 곳에 두어서) 시작해라. 하지만 그것을 고정시키지는 말라. 물은 깊은 가우지로 컷을 흐르게 함으로써 표현된다. 솟아 오른 등성이들(릿지)의 부드러운 물의 선을 만들면서 양방향으로 조심해서 작업해라. 딱딱한 선을 남기기보다는 배경으로 물줄기의 바깥 등성이를 의미하는 절반의 홈을 합쳐라.

### 물줄기 조각하기

- 물줄기의 홈들을 먼저 여분의 나뭇조각에 연습하라.
- 돌멩이 주위로 물줄기가 정갈하게 흐르게 하라.
- 깊은 가우지로 나무의 섬유소를 가로질러 비스듬히 자르면, 한쪽은 나뭇결 방향으로 잘릴 것이고 나머지 쪽은 그것과 어긋나게 잘릴 것이다. — 선을 파 들어갈 때 V툴을 사용한다면, 거친 쪽을 내버리는 부분에 둔다. 그렇지만 우리의 물줄기를 위해서는 어떤 버리는 쪽은 없다. 실제로는 홈 사이에 다소 연약한 등성이를 가지게 된다. 비법은 등성이의 선들에 대해 더 많이 생각하면서 어떤 홈의 절반 각각을 분리해서 파내는 것이다. 당신은 등성이가 뭉그러지는 것을 막기 위해 홈 각 측면을 자르는 방향을 전환할 필요가 있다.

**16** 돌멩이를 제자리에 고정시켜라. 나는 두 성분으로 된 에폭시 레진 접착제로 부착하거나, 더 부드러운 돌이라면 돌에 작은 구멍을 뚫고 석고판이나 롤 플러그(플라스틱 못집)를 삽입하여 뒤쪽에서 나사로 돌멩이를 붙일 것을 제안한다. 나는 무광의 아크릴 바니시로 마감하였다.

# 수평선 너머

당신에게 조각, 가령 작은 새에 대한 아이디어가 있다. 당신이 먼저 할 것은 무엇일까?

아마도 당신은 대부분의 조각가들이 하는 것을 할 것이다. 아마도 그것을 그릴 것이다. 간단한 스케치에서 꽤 세밀한 드로잉까지 어떤 것이라도, 그리고 보통 강한 윤곽선이 있는 것.

이제 당신의 손가락 위에 그 새를 앉히려 한다면, 당신은 무엇을 볼 것인가? 글쎄 당신의 드로잉과 같은 선들은 확실히 아닐 것이다.

당신은 윤곽선이나 실루엣이 있다고 말할 것이지만, 그 새가 완전히 정지해 있다면, 이것은 어떤 한 관점에서 사실일 뿐이다. 만약 당신이나 새 중에서 어느 하나가 움직이면, 윤곽선이나 실루엣도 움직인다. 실제로 사방에서 볼 수 있는 물체에는 무한한 수의 윤곽선이 있다. 우리가 그리고 부르는 윤곽선이라 것은 인공적인 부자연스러운 장치이다. 사실 우리가 보는 것은 전혀 선이 아니라 수평적인 것 — 우리가 볼 수 없는 너머의 엣지가 있는 수평선 — 이다.

당신의 조각을 도우려면 반드시 드로잉과 윤곽선을 사용해라. 하지만 당신이 또한 수평선에 관해서 생각한다면, 삼차원성과 덩어리의 의미에 대해 더 많이 이해할 것이다. 그리고 예를 들어, 돋을새김 조각에서 당신의 독특한 관점으로 조각 대상 주위에 삼차원적으로 흐르는 수평선에 대한 관점을 일단 확립했다면, 당신은 행복하고 안전하게 위아래로 나무를 깎아낼 수 있다.

Chapter 9

# 로 릴리프

배경에 붙어 있는 사과 반쪽은 사과의 릴리프 조각이 아니다. 그것은 배경 위에 놓인 사방에서 볼 수 있는 사과 반쪽일 뿐이다. 엄밀한 의미의 릴리프 조각이 되려면, 그 중간 너머, 혹은 수평선, 선 주위에 계속되는 사과라는 의미를 가지기 위해 사과 전체를 효과적으로 눌러 찌그려 뜨려야 한다.

달리 말하자면, 당신은 깊이 차원을 축소해야 한다. 로 릴리프와 하이 릴리프 사이의 차이점은 그렇게 수적으로 많지는 않지만, 이 깊이 차원이 얼마나 많이 축소되느냐의 문제, 대상이 얼마나 압축되어 있느냐의 문제이다.

여기서 우리가 씨름하고 있는 로 릴리프는 매우 평편하다. 당신은 동전 위에서 가장 훌륭한 로 릴리프들을 볼 것이다. 로 릴리프는 드로잉과 가장 가깝고, 종종 원근법의 묘수를 이용할 것이다. 제거해야 할 나무가 많지는 않지만, 그것의 성공은 선의 유연성과 깊이에 대한 전반적인 착각에 많이 의존한다.

우리의 대상물에 말끔하게 윤곽선을 새겨 넣어 마무리한 마지막 장에서 나는 로 릴리프의 초기 기법들 중 몇 가지를 교묘하게 다루었다. 이 점까지 그 방법이 동일하므로 여기서 나는 단지 이 단계의 주요한 요점들을 새롭게 되살릴 것이고 이후에 대상물의 모델링, 디테일, 언더컷팅으로 더 진행하겠다.

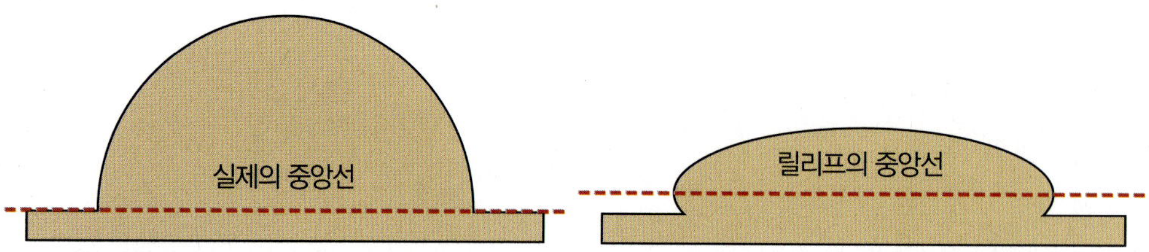

3-D 외형 만들기

형태 자체의 움직임, 모양, 언더컷팅, 그리고 질감표현, 이 모든 것이 얇은 나무에 차원의 착각을 일으킨다. ≫

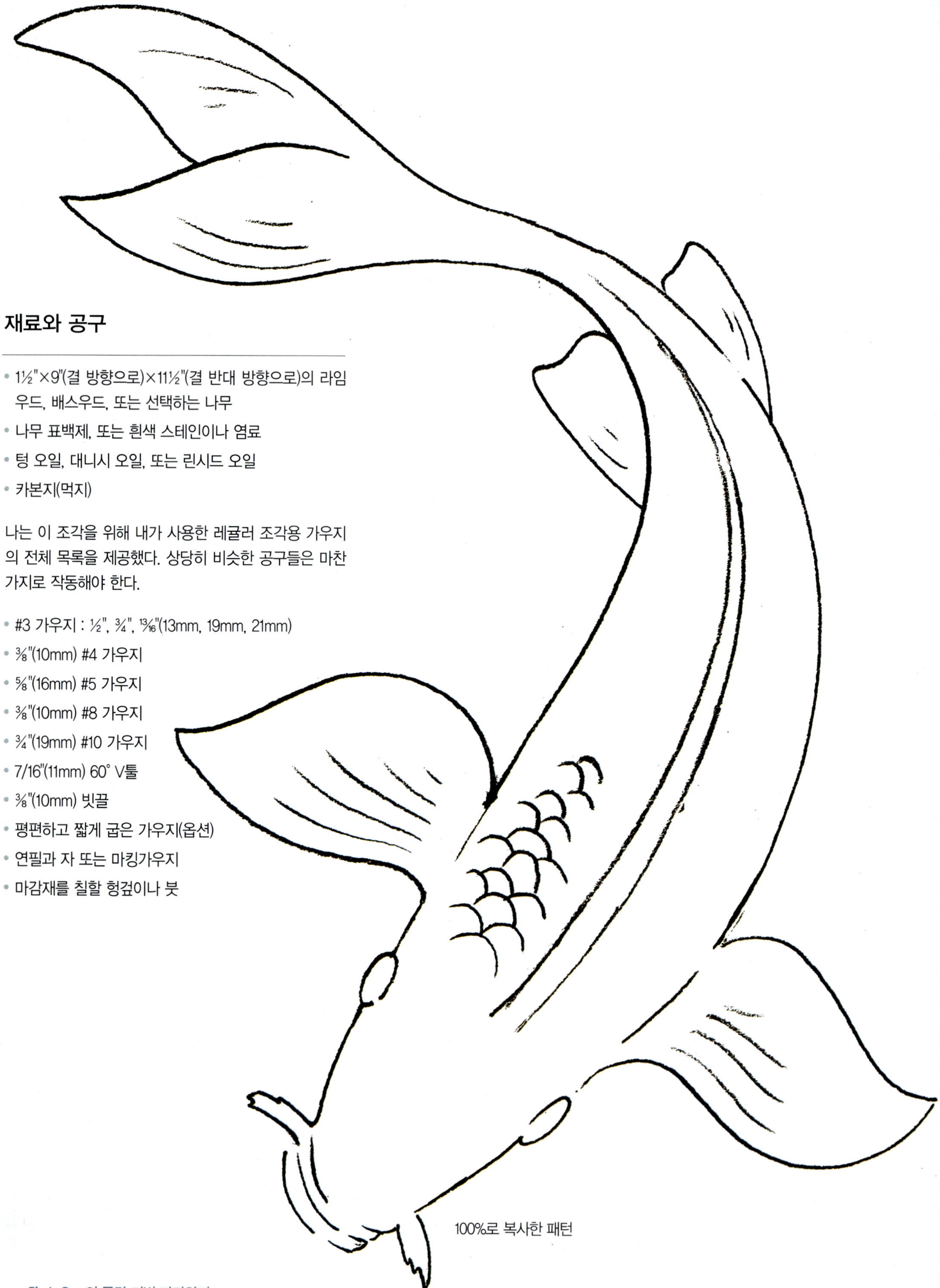

## 재료와 공구

- 1½"×9"(결 방향으로)×11½"(결 반대 방향으로)의 라임우드, 배스우드, 또는 선택하는 나무
- 나무 표백제, 또는 흰색 스테인이나 염료
- 텅 오일, 대니시 오일, 또는 린시드 오일
- 카본지(먹지)

나는 이 조각을 위해 내가 사용한 레귤러 조각용 가우지의 전체 목록을 제공했다. 상당히 비슷한 공구들은 마찬가지로 작동해야 한다.

- #3 가우지 : ½", ¾", 13/16"(13mm, 19mm, 21mm)
- ⅜"(10mm) #4 가우지
- ⅝"(16mm) #5 가우지
- ⅜"(10mm) #8 가우지
- ¾"(19mm) #10 가우지
- 7/16"(11mm) 60° V툴
- ⅜"(10mm) 빗끌
- 평편하고 짧게 굽은 가우지(옵션)
- 연필과 자 또는 마킹가우지
- 마감재를 칠할 헝겊이나 붓

100%로 복사한 패턴

## 디자인

나는 내 대상으로 코이 잉어나 잉어를 선택했다. 나는 이 아름다운 생물을 연못에서 본 적이 있을 뿐인데, 위에서 그것이 느릿하고 여유로운 동작으로 수영하며 지나가는 것을 내려다 보면서 그것을 그렇게 조각해야겠다고 생각했다.

나는 그 물고기를 조사하고 많은 사진들에 기초한 드로잉을 만들었다. 그 코이 잉어가 몸체를 살짝 돌려 만들어내는 부드러운 유연성을 찾으려 노력했다. 나는 실제적인 정확성에 지나친 관심을 두지는 않는다.이것은 조각이고 나무에 재현하는 것일 뿐 실제의 물고기는 아니다!

많은 예비 스케치들에서 나는 실제 사이즈의 작업 드로잉에 이르렀고, 나중에 나는 그것을 카본지로 내 나무로 옮겼다.

## 나무

나는 라임우드의 두꺼운 조각 표면에 로 릴리프를 새겼다. 배스우드나 다른 유사한 나무도 대안이 될 수 있을 것이다. 내 관심은 그 나무 블록에서 완성된 로 릴리프 조각을 켜내고, 다음 장에서(p.116) 남은 재료에 같은 디자인의 하이 릴리프 버전을 조각하는 것이다. 이것은 같은 디자인의 서로 다른 릴리프 깊이의 영향을 예증해줄 것이다.

그 블록의 치수는 결 반대 방향으로 11½"(290mm)× 결 방향으로 9"(230mm)였다.

비록 조각의 높이가 수직이 더 권장할 만할 것이라고 암시할지라도, 내가 결이 수평으로 달리게 한 것에 주목하라. 그 선택의 주요한 이유는 강도이다. 당신은 항상 시작부터 이것이 옳다고 생각해야 한다. 나는 그 코이 잉어 디자인의 가장 약한 부분과 만나지 않도록 최선을 다해 꼬리, 지느러미, 수염 등의 결의 방향을 결정했다.

부가적으로, 그 디자인을 고정시키기 위해 갈대나 그 비슷한 것을 조각하기보다 나는 차라리 물의 효과를 주기 위해 코이의 방향을 가로지르는 형상을 끌어내기를 원했다.

이 조각의 깊이는 약 3⁄16"(5mm)이다. 마킹가우지로 당신의 나무 주위로 이 깊이의 선을 그어라.

## Stage I : 대상의 실루엣을 그려라

나는 Chapter 8(p.94)에서 이 단계에 대해 자세하게 다루었는데, 거기서 우리는 대상에 정확한 선을 그려서 끝냈다. 우리가 똑같은 과정을 따라야 하기 때문에 나는 여기서 당신에게 필수사항들을 상기시켜줄 뿐일 것이다.

### 단계 1 : 대상에 선 그리기

- 저각도 그립으로 V툴을 잡아라.
- 최종의 표면 바로 위의 깊이까지 부드럽고 유연한 선을 새겨라.
- 항상 V자형 홈의 깨끗하고 부드러운 측면을 코이 다음에 두고, 거친 측면은 버리는 쪽에 두어라.
- 우선은 윤곽선의 디테일, 까다로운 부분, 그리고 막힌 바닥 등은 무시하도록 최선을 다해라. 당신은 나중에 우리가 새겨 넣을 때 그것들을 더 잘 처리할 수 있다.
- 수염과 같은 세밀한 부분은 충분히 여유를 두어라.

단계 1 : 대상에 선 그리기

# Stage I : 대상의 실루엣을 그려라(이어짐)

## 단계 2 : 배경 낮추기

- 조각이 바로 앞 장에서 우리가 한 작업보다 조금 더 깊기 때문에, 여기서는 속도를 위해 깊은 가우지(#10)를 사용했다. 중간 가우지(#6이나 7)는 더 얕은 조각에 선호될 만할 것이다. 닫혀 있는 바닥과 꼬리 지느러미 사이와 같이 더 빽빽한 부분에는 더 좁은 가우지를 사용하라.
- 길게 달리는 컷을 위해 저각도로 가우지를 쥐어라.
- 보드의 바깥 끝에서부터 결을 가로질러 체계적으로 작업해 들어가라. 가우지의 코너에는 나무가 묻어 있지 않게 하라.
- 최종 표면의 아래로는 파내려가지 마라. 코이 잉어의 아래로 정확히 통과하는 듯이 바라보면서 최종의 표면 바로 위로 트렌치의 바닥을 까는 데 목표를 두어라.

단계 2 : 배경 낮추기

## 단계 3 : 배경 고르기

- 평탄화를 위해 Sheffield 리스트 #3이나 Pfeil 컷 #2 등의 평편한 가우지를 사용하라.
- 언제라도 가능한 한 오래 가장 넓은 가우지로 작업하라. 더 빽빽하게 들어간 곳에는 더 좁은 공구로 바꿔라.
- 절삭날은 흠결 없이 날카롭게 유지하도록 명심하라. 이것이 마감된 표면이 될 것이다.
- 저각도 그립을 이용하라. 결에 직각으로 조각하고 왼쪽이나 오른쪽으로 절삭날을 슬라이스하라(당신이 결을 따라서 안전하게 작업할 수 있다는 것이 명확하지 않으면).
- 당신이 그 부분을 떠나기 전에 아무 뜯김 없이 마무리되어 말끔하게 되도록 체계적으로 작업하라.
- 코이 아래로 동일하게 지나면서 표면을 평편하게 유지하라. (V툴에 의해 남겨진) 코이 주위에 벽이 부족하지 않도록 부드러운 배경을 유지하라. 다음 단계까지 이러한 연결 부위를 깨끗이 남기는 것이 더 좋다.

단계 3 : 배경 고르기

# Stage I : 대상의 실루엣을 그려라(이어짐)

단계 4 : 새겨 넣기 또는 정확히 윤곽선 그리기

단계 5 : 배경 마무리하기

벽과 배경이 만나는 부드러운 연결 부위에 주의하라.

## 단계 4 : 새겨 넣기 또는 정확히 윤곽선 그리기

- 고각도 그립을 사용하라. 약 10-15°로 코이의 벽들을 기울여라. 깊이에 주의하고 배경 아래로 파 들어가지 않도록 노력해라.
- 더 타이트한 커브로 시작하고 필요하다면 그 컷을 연장하여 가우지의 스윕을 윤곽선의 프로필에 매치시켜라.
- 더 길고 더 느린 커브를 위해 슬라이싱하기 시작하라. — 여기서 새겨 넣기의 대부분은 이런 방법으로 행해진다. 가우지의 절삭날을 나이프처럼 다루면서 당신의 엄지로 밀어라.
- 주의 깊게 당신의 분리된 새겨 넣기 컷을 코이 주변의 부드럽고 계속적인 선으로 합쳐라.

## 단계 5 : 배경 마무리하기

- 저각도 그립으로 잡고 평편한 가우지로 돌아가서 대상 위의 배경 대부분을 마무리해라.
- 계속 평편한 가우지로 벽까지 배경을 끝마치고, 깔끔한 연결지점으로 새겨 들어가기 위해 고각도 그립으로 잡고 다른 가우지로 돌아가라.
- 필요하면 반복하면서 이 기법들 사이에서 왔다 갔다 해라. 배경에 찌르기 자국을 남기지 않도록 최선을 다해라. 우리가 코이 주위의 엣지에 언더컷팅해서 이 자국들은 보일 것이다.
- 당신이 이 단계를 마치면, 코이는 다소 경사지면서 부드러운 유선형의 벽을 가지고 있고 그 벽이 배경과 접하는 깔끔한 연결 부위를 지닌 실루엣으로 보일 것이다.

## Stage II : 모델링(조형)

다음 단계는 무늬 없는 물고기의 모형을 만드는 것이다. 어떤 디테일이라도 보강하는 모양이나 형태 또는 언더컷팅(바닥깎기)을 해라. 이 과정이 일어나는 순서를 아는 것이 중요하다. 먼저 모형을 만들고 나중에 형태에 디테일을 추가해라. 당신이 모든 조형된 형태가 정확하다고 확신할 때, 정상적으로 언더컷팅은 조각의 끝을 향해 생긴다. 디테일로 들어가기 전에 모델링(조형작업)을 끝내는 것 또한 필요하기 때문에, 당신은 디테일 또는 언더컷팅 중에서 어느 것을 먼저 할지 선택할 수 있다. 당신은 그때에 무엇이 가장 안전한지 알 것이다.

손쉽게 조각한 우리의 코이는 단계별로 몸, 머리, 그리고 꼬리로 나뉜다. 우리는 그 순서대로 조각에 접근할 것이다. 당신은 항상 반드시 이처럼 조각을 나눌 필요도 없고 또한 그런 말끔한 순서로 씨름할 필요도 없다.

### 모델링

- 비늘과 같은 디테일은 모델링한 다음에 알맞은 곳에 추가되어야 한다. 당신이 모양을 연속적으로 바꾸고 디테일을 조각해야 한다면, 그건 너무 일찍 디테일에 들어간다는 표시이다.
- 보통 언더컷팅은 마지막이나 적어도(여기서 로 릴리프에서처럼) 당신이 올바른 형태를 만들었다고 완전히 확신할 때에 들어간다. 만약 엣지의 모양을 바꿔야 할 필요가 있다면, 당신은 신선한 공기를 조각할 수 없다.
- 그 본래의 특성상 로 릴리프는 원래 평편하다. 제거할 나무도 아주 적다. 라우터나 그와 유사한 공구 없이 조각으로 이 지점에 이른 것은 실제로 대상 자체를 조각하는 것만큼이거나 더 길게 시간이 걸릴 수 있다고 지적할 만하다.
- 당신이 올바른 방향으로 시작해나갈 수 있도록 다음의 두 가지 특색을 찾아서 코이를 (아니면 다른 어떤 대상을) 바라봄으로써 시작해라.
  - **레벨의 변화 또는 판의 강한 변화.** 우리의 프로젝트에는 그런 부위들, 몸체에 붙은 지느러미, 꼬리지느러미, 수염 등이 있다.
  - **높은 지점.** 달리 말하자면, 당신이 나무를 남겨야 하는 곳이다. 코이에서 이러한 곳들은 등 가운데와 그 양측의 몸체이다.

### 몸체 조형하기

지느러미 낮추기

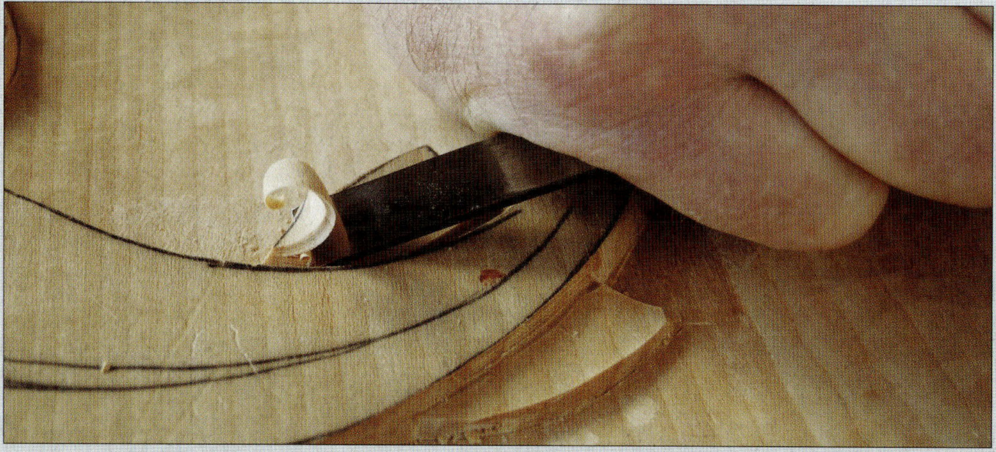

1 몸통의 양 측면에 있는 지느러미를 낮추면서 시작하라. 몸 쪽에 컷의 깨끗한 면을 대고 V 툴로 선을 그려 넣어라.

2 배경 깊이에서 3분의 1 정도 — 대상의 중앙이나 중앙선 — 까지 지느러미를 낮춰라. 더 작은 지느러미에는 평편한 가우지를 사용하지만, 더 큰 지느러미에 재미있는 모양을 주려고 해라.

## Stage II : 모델링(조형)(이어짐)

몸체 모양 만들기

**3** 중간 가우지의 스윕을 커브와 코이의 엣지 주위에 맞추어서 방향을 뒤집어라. 결 방향대로 길게 컷을 만들고 둥근 엣지를 배경까지 가져와라. 엣지가 모따기된 것처럼 보이지 않도록 당신의 컷이 조각의 나머지 부분과 합쳐져 어우러지게 하라.

**4** 중앙의 등의 각 측면에 깊은 가우지(#8)를 작동시켜라. 등 쪽으로 홈의 말끔한 부분을 두고 꼬리 쪽을 향해 등이 가늘어지게 해라. 이 홈을 몸체의 나머지와 합체시켜라.

**5** 꼬리를 기울여서 몸 쪽의 꼬리 끝을 더 재미있게 만들어라. 커브의 안쪽으로 더 많은 나무를 제거하라.

# Stage II : 모델링(조형)(이어짐)

## 머리 조형하기

### 눈 모양 만들기

1 5/16"(8mm) #5 가우지로 눈을 새겨라.

2 3/8"(10mm) #4 가우지를 뒤집어서 눈 모양을 만들어라. 이 물고기는 위에서 보이는 모습인 것을 기억하라. 따라서 보이는 것은 눈의 윗면 엣지뿐일 것이다. 눈 주위의 나무를 몸체와 입에 융합시켜라. 뒤로 다듬으면서 수염도 새기고 입의 끝 모양을 만들어라.

### 입술과 수염의 모양을 만들어라

3 입술 주위의 접히는 부분을 만들기 위해 V툴을 사용해라. 적절한 가우지로 V자형 홈을 새겨서 조심스럽게 수염을 분리시켜라.

## 꼬리 조형하기

### 꼬리 모양을 만들어라

1 우리가 몸체에 했듯이 코이의 이 부분 주위에도 큰 실수를 저지를 것이다. 엣지까지 곧장 꼬리를 평편하게 함으로써 대비를 만들어라.

2 꼬리지느러미 사이의 빡빡한 공간을 정리하기 위해서 바닥다지기 공구 — 평편하고 짧게 굽은 스푼형 가우지 — 가 필요할지도 모른다.

## Stage Ⅲ : 바닥 깎기

다음 장(p.116)에서 이 조각의 하이 릴리프 변형에서 더 많이 볼 언더컷팅은 배경에서 대상을 띄우고 그림자를 형성하여 그 대상에 선명도와 극적 효과를 제공한다. 보통 약 20°의 각도는 그 효과를 만들어내기에 꽤 충분하다.

코이의 지느러미와 꼬리를 바닥치기하기만 해라. 몸체와 머리 부분은 바닥치기하지 않고 배경으로 단순히 경사지게 내버려둬라. 바닥치기로 더 가벼워 보이는 지느러미나 꼬리와 대비하여, 이것이 몸체를 더 단단해 보이게 만든다.

여기에 언더컷하는 두 가지 방법이 있다.

- V툴로 엣지의 아래로 나무를 조각해내라(오른쪽 아래의 사진을 보라).
- 가우지로 다시 새겨 넣기를 하지만 그 조각공구의 손잡이는 바깥으로 기울인 채로
- 두 경우 모두 바닥치기한 벽과 배경 사이의 연결지점을 점검하고 정리해라. 물고기 옆으로 내려가면서 배경 안으로 잘라 들어가지 않도록 주의하라. 배경에 그런 어떤 꺼진 곳도 펴내면, 거의 알아차릴 수 없을 것이다.

바닥치기의 한 가지 방법은 V툴의 엣지를 사용하는 것이다.

코이가 바닥치기 되었다.

# Stage IV : 디테일

이 시점에서 코이는 완성되어 보이지만, 벌거벗은 듯이 보인다 (p.111의 사진을 보라). 그것에 비늘과 지느러미와 꼬리의 플루트(홈)를 가볍게 입혀야 한다.

## 비늘

먼저 비늘을 구상하라. 몸체는 꼬리를 향해 좁아지고 당신은 믿을 수 있게 알맞도록 비늘을 신중하게 정리해야 할 것이다. 다른 사이즈의 비늘을 만들기 위해 다양한 가우지를 사용할 수 있다. 먼저 여분의 나무에 연습을 해라.

1. 고각도 그립으로 깊은 가우지를 잡아라.
2. 비늘 효과를 주기 위해 컷을 중첩시키면서, 나무 안으로 조심해서 찔러 내려라. 모서리가 더 깊숙하게 찌르도록 가우지를 비스듬히 잡는다면 더 나은 효과가 있을 것이다.

깊은 가우지로 플루트를 만들어라.

비늘을 만들 때 끝이 나무에 더 깊숙이 들어가도록 가우지를 비스듬히 움직여라.

## 플루트

지느러미와 꼬리를 온통 플루트로 덮을 필요는 없다. 선택적으로 그것을 위치시키는 것은 더 효과적이고 흥미로울 수 있다. 또 다시 먼저 여분의 나무에 연습하라.

1. 먼저 연필로 플루트를 가볍게 그려라. 그 세로 홈이 몸체 쪽으로 가늘어지고 거기에 못 미친다는 것에 주의하라.
2. 깊은 가우지로 플루트를 새겨라. 그 공구가 근사하고 깨끗한 쪽과 찢긴 쪽을 가진 V툴처럼 작동한다는 것을 곧 알게 될 것이다. 먼저 시험 컷을 시도하고, 나중에 플루트를 따라서 앞뒤로 움직이며 뜯기는 플루트 쪽을 피하고 깨끗한 쪽을 조각하면서 작업해라. — 이런 방법으로 당신은 깔끔한 릿지를 만들어낼 수 있다. 플루트 사이의 융기선, 즉 당신이 실제로 보는 것이 보기 좋게 흐르게 해라.

코이는 이제 비늘과 세로 홈으로 완성되어 있다.

## Stage V : 마감하기

나는 나무의 이미지를 간직하면서 물고기와 물 사이의 대비를 원했다. 이것을 달성하기 위해서는 여러 옵션이 있다. 당신은 내가 했듯이 코이를 표백할 수 있다. 나무를 염색하거나 스테인을 칠하는 것이 대안이 될 것이다.

1. 나는 나무에 이성분제품 (Rustins)으로 배경 위로 번지지 않도록 조심하며 코이를 매우 주의 깊게 표백했다. 손, 피부, 그리고 눈에 우연하게 튀기지 않도록 보호하라.
2. 다음으로 나는 표면에 얇은 광택을 주는 무광 아크릴 바니시를 물고기에 발랐다.
3. 마지막으로 나는 배경에 텅오일(대니시 또는 린시드오일이 그 대체제이다)을 칠했다.
   나는 그 오일이 가져오는 구성력이 배경에 물과 같은 효과를 준다고 생각한다. 그것은 코이가 뭔가의 위에서 헤엄치고 있는 것 같은 느낌을 준다. 대안으로는 배경에 물결모양의 선을 조각하는 것인데, 그 경우 V툴이 가장 간단한 선택일 것이다.

### Tip: 오일 주의

오일은 구성력을 끌어낼 뿐만 아니라 어떤 불완전성, 즉 찌른 자국, 뜯김 등도 보여준다. 반드시 당신의 배경은 오일을 바르기 전에 흠결이 하나도 없게 다듬어져야 한다!

# 극적 효과 손질하기

바닥깎기(문자 그대로 조각을 돌려서 뒤에서부터 작업하는 뒤치기와 반대되는 것으로서)는 조각가의 디자인 상자에서 매우 중요한 도구이다. 그것은 더 많은 그림자를 이끌어서 극적 효과를 추가하고 작품에 더 가볍고 더 많은 입체감을 준다.

그와는 반대로, 바닥깎기는 나무를 약하게 만들고 정리하기 어려울 수 있는 연결 부위를 만들기도 한다. 이런 이유로 최선의 지침은 다음과 같다. 효과를 주기에 필요한 만큼만 조금 바닥깎기를 하라.

추가된 극적 효과의 매력은 흔히 학생들이 일찍 바닥깎기를 하게 만드는데, 반면에 마지막에 하는 것이 사실 훨씬 더 현명하다. 이것에 대한 이유는 두 가지 원칙을 따른다.

당신은 공간이 아니라 형태를 조각할 수 있을 뿐이다(p.88). 예를 들면, 일단 당신이 한 동물의 귀를 바닥치기하면 귀의 엣지 뒤 나무는 당연히 사라지는 것이다. 만약 나중에 당신이 귀의 모양을 바꾸고 이것이 그 얇은 엣지를 향해 나무를 제거하는 것을 포함한다면, 당신은 귀에 어처구니없이 다른 윤곽선이 나오는 것을 곧 깨달을 수 있다.

그 엣지가 당신이 뒤쪽으로 볼 수 없는 특별한 관점에서 보이는 실제의 수평선이라는 것도 또한 기억해라(p.100). 이것들을 입체적으로 설정해라. 그리고 그 수평선이 실제로 놓여 있듯이 만족스럽고, 당신이 그것들을 원하는 곳에 두었을 때에만 안전하게 밑에서 나무를 제거해라.

최종의 요지는 당신이 어떤 조각에서나 바닥 치기하는 양과 정확히 어디를 쳐내는지는 당신이 관객에게 무엇을 보여주고 싶어 하느냐에 달려 있다. 달리 말하자면, 관객의 관점이 어디에 있는가? 그들이 조각품을 올려다보고 있는가? 그 경우 대부분의 바닥깎기는 아래쪽의 엣지이어야 할 것이며 위쪽의 엣지는 거의 필요 없을 것이다. 관객이 대상을 내려다보고 있는가? 그렇다면 바닥깎기는 위쪽의 엣지여야 할 것이고 아래쪽은 거의 필요 없다. 항상 관객을 고려해라.

Chapter 10

# 하이 릴리프

우리가 Chapter 9(p.102)에서 조각한 로 릴리프는 평편해서 간단한 드로잉과 많은 유사점을 지녔다. 여기서 우리의 프로젝트는 똑같은 코이 잉어 디자인(p.104의 패턴을 보라)을 사용하지만, 우리는 배경을 훨씬 더 줄이는데, 그것이 우리에게 하이 릴리프를 제공한다. 하이 릴리프에서 깊이 차원은 여전히 압축되어 있고 원근법이 진짜 입체감의 착각을 일으키는 데 계속 중요하지만, 로 릴리프에서보다는 훨씬 덜 중요하다.

로 릴리프와 하이 릴리프의 차이점은 두 가지의 조각을 나란히 두고 보면 확연해진다.

하이 릴리프에서 우리의 코이를 조형하는 데는 훨씬 더 많은 창조적인 여지가 있다. 그것에 부가적인 생명감과 움직임을 주고 윤곽선 아래를 파내서 (바닥 치기하여) 더 많은 극적 효과를 줄 기회들이 있다.

배경을 낮추고 대상을 바닥치기하여 극적 효과를 만들어내라. ≫

# 시작하기

나는 단지 그 나무블록으로 코이의 이전 로 릴리프조각을 만들었고 그렇게 같은 재료로 시작했다. 그것은 결 반대 방향으로 11½"(290mm)×결 방향으로 9"(230mm)의 라임우드이다.

로 릴리프에서 우리는 물고기 주위로 선을 그려 시작했다. 그러나 훨씬 더 많이 나무를 제거해야 하므로 여기서는 다른 접근법을 취해야 한다. 주된 차이점을 파악하는 것이 중요하다.

- 로 릴리프에서, 우리는 정확한 윤곽선을 새기고 나서 대상을 조형한다. 다시 말해서 우리는 엣지에서 형태로 작업한다.
- 하이 릴리프에서, 우리는 대상을 먼저 조형하고 그 후에 정확한 윤곽선을 그린다. 그래서 이 경우에 우리는 형태에서 엣지로 작업한다.

이러한 접근법의 변화는 많은 시간을 절약해준다. 우리는 나중에 바닥치기가 될 연결 부위를 정리하지 않거나 대부분 잘려나갈 힘든 지점들에 있는 벽을 마무리하지도 않는다. 게다가 형태를 먼저 깎고 엣지는 저절로 처리되는 것이 더 사실이다. 어떤 엣지라도 수평선일 뿐이다. 조각에서 수평선은 뒤쪽에 우리가 볼 수 없는 엣지의 선인 윤곽선이다. 그것은 우리의 시점 때문에 특정한 위치에 존재한다. 그래서 우리는 시점으로 조각하고 엣지는 저절로 처리된다.

## 재료와 공구

- 1⅛"×11½"(30mm×230mm×290mm)의 라임우드 또는 선택한 나무
- 투 파트 나무 탈색제
- 텅오일, 대니시오일, 린시드오일 등 선택한 마감용 오일
- 무광 아크릴 바니시

여기에 이 조각에서 내가 사용한 공구들의 리스트가 빠짐없이 있다. 유사한 공구들도 또한 효과적일 것이다.

- 레귤러 가우지(Sheffied 리스트)
  - #3 가우지 : ½"과 ¾"(13mm, 19mm)
  - #5 가우지 : ⅜", ½mm, ⅝"(10mm, 13mm, 16mm)
  - #6 가우지 : ¼", 7/16"(6mm, 11mm)
  - ⅜"(10mm) #8 가우지(눈금자)
  - ½"(13mm) #9 가우지(배경 제거용)
  - ⅜"(10mm) 60°V툴
  - ⅜"(10mm) 빗끌
- 짧게 굽은(스푼형) 가우지
  - #3 가우지 :¼"와 ½"(6mm와 13mm)
  - ¼"(6mm) #7 가우지(플루트)
  - 짧게 굽은 빗끌 : 3/16"(5mm) 왼쪽 방향과 오른쪽 방향

### 엣지 모양내기

입체적으로 조각하면 할수록 당신은 형태에서 공간으로 작업하는 규칙을 따르기를 더 원한다. 당신은 이런 원칙이 이 하이 릴리프에서 작동하는 것을 본다. 우리는 먼저 형태를 조각하고(물고기 자체의 모양을 만든다), 엣지(형태가 결국에는 공간을 만나는 곳)를 파고, 그런 다음 바닥치기를 한다. 이것이 초보자들이 보거나 따라하기에 쉬울 뿐만 아니라 편안한 가장 최선의 방법이다.

## Stage I : 배경

기억하라. 당신의 깊이선에서 약간 위까지 배경을 낮추기만 해라. 우리는 최종의 질감까지 표면을 대패질할 약간의 공간을 원할 것이다.

### 단계 1 : 배경 낮추기

#### 배경 낮추기

당신은 그 물고기 내부의 곡선 안쪽 배경을 조각하는 것이 더 깊게 들어갈수록 더 어렵다는 것을 알 것이다. 벽들이 조각공구를 엉키게 한다. 할 수 있는 한 최선을 다하기만 해라. 수염이나 지느러미 사이의 빽빽한 부위와 같은 작은 요소를 없애버리고 싶은 유혹은 피해라. 이것들은 나중의 단계까지 훨씬 더 잘 남기 때문이다.

물고기 드로잉에 마무리된 수직의 이랑 사이의 관계는 완성된 수평의 이랑과 배경의 깊이를 표시하는 선 사이의 관계와 똑같다.

나무 섬유소의 방향을 가로질러 한 대강 본뜨기는 실제로 좋은 아이디어이다. 부스러기들은 떨어져나갈 뿐이고 당신은 결의 방향으로 작업할지 아니면 반대 방향으로 할지 걱정할 필요도 없다.

당신은 물고기 대부분의 주위에 거칠지만 수직적인 벽으로 이 단계의 끝에 배경을 동일하게 낮추어야만 할 것이다(아래 사진을 보라).

연결지점에는 대상으로부터 약 ¼"(6mm) 위쪽으로 지저분한 나무의 원치 않는 분량이 남아 있을 것이다. 지금 그 연결 부위를 정리하는 것은 시간낭비이다. 그냥 엉망인 것을 무시해라. 그것은 우리가 나중에 처리할 것이다.

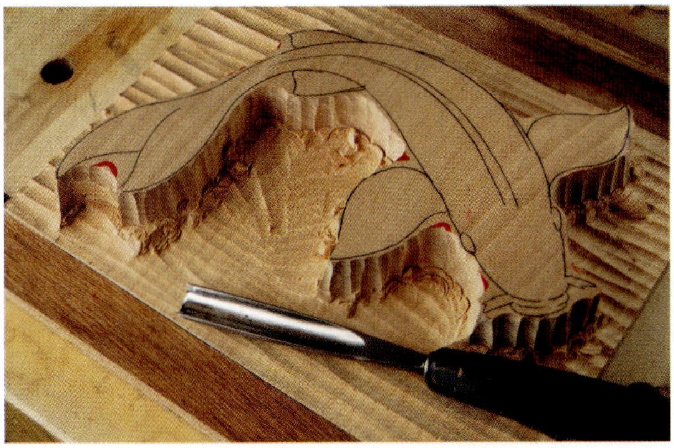

동일한 배경과 거칠지만 수직적인 벽을 얻으려 애써라.

#### 조각에 표시하기

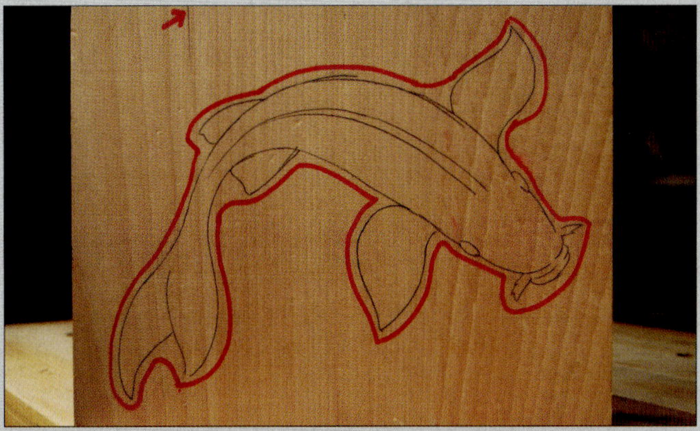

1 디테일은 무시하고 물고기 주위에 완충지대를 상상함으로써(드로잉하여) 시작하라. 이것은 당신의 대상을 손상시키는 것을 막아줄 것이다. 이 조각의 깊이는 약 ⅞"(22mm)이다. 마킹 가우지로 나무 주위에 이 깊이까지 선을 그어라.

#### 배경 낮추기

2 깊은 가우지를 저각도 그립으로 잡고 결 반대 방향으로 동일하게 홈을 파내라. 한쪽 끝에서 시작하고 다른 쪽 끝을 향해 작업하라. 완충선이나 건너편에 도달하기 전에 잠시 멈춰라. 체계적으로 나아가고 균일하게 생각하라.

#### 벽 다듬기

3 배경을 깊이선 위쪽으로 ¼"(6mm)까지 낮췄을 때, 같은 가우지로 코이 위까지 수직으로 벽을 다듬어라. 다시 배경 낮추기로 돌아와라. 깊이선 바로 위에서 멈춰라. 벽을 배경까지 낮춰라.

# Stage I : 배경(이어짐)

## 단계 2 : 배경 평편화

배경을 평편하게 하기 위해, 우리가 코이의 로 릴리프 조각에서 한 것과 정확히 같게 당신이 가진 가장 넓고 평편한 가우지를 저각도 그립으로 잡고 사용해라. 움푹한 곳에서는 더 좁은 가우지로 바꿔라. 등성이를 걷어내면서 슬라이싱 컷으로 결을 가로질러 체계적으로 작업해라. 깊이선 아래까지 잘 마무리해라. 이것이 최종의 배경 표면이라는 것을 기억해라. 코이 뒤로 동일하게 지나면서 표면의 수평을 유지하라. 낮추기를 하면서 코이 주위의 벽이 부족한 유연한 배경에서 멈춰라. 모든 배경에 같은 방식으로 작업하고 나서 다음 단계로 나아가라.

가지고 있는 가장 넓은 가우지로 배경을 평편하게 하라.

## 단계 3 : 거칠게 파들어 가기

1 우리는 다음 단계에서 물고기의 형태를 갖춤에 따라 우리의 드로잉을 잃게 될 것이다. 평편한 가우지로 수직의 등성이들을 다듬어서 코이의 벽을 말끔히 정리해라. 정확성을 필요로 하지는 않는다. 단지 당신은 물고기의 전반적인 분위기만 유지하려 노력하기만 하면 된다.

### 거칠게 파들어 가기

이 단계는 코이의 거친 윤곽선과 전 방향으로 말끔하게 마무리된 배경으로 끝내야 한다.

연결지점을 정리하고 싶은 유혹을 피하기는 어렵지만, 기억해라. 그것들은 당신이 생각하는 곳에 있지는 않다! 최종의 연결지점은 뒤쪽에, 코이의 나무 윤곽선의 엣지 아래에 있을 것이다. 또한 그 정션을 정리하려는 시도에서 배경 안으로 잘라 들어가는 위험이 있을 것이며, 그런 자국은 우리가 바닥치기하면 아주 잘 보일 것이다.

우리는 이제 약한 나무의 부분에 더 많은 나무 블록을 남겨야 한다. 또한 지느러미와 몸체 사이처럼 빽빽하게 움푹 들어간 곳은 건드리지 마라.

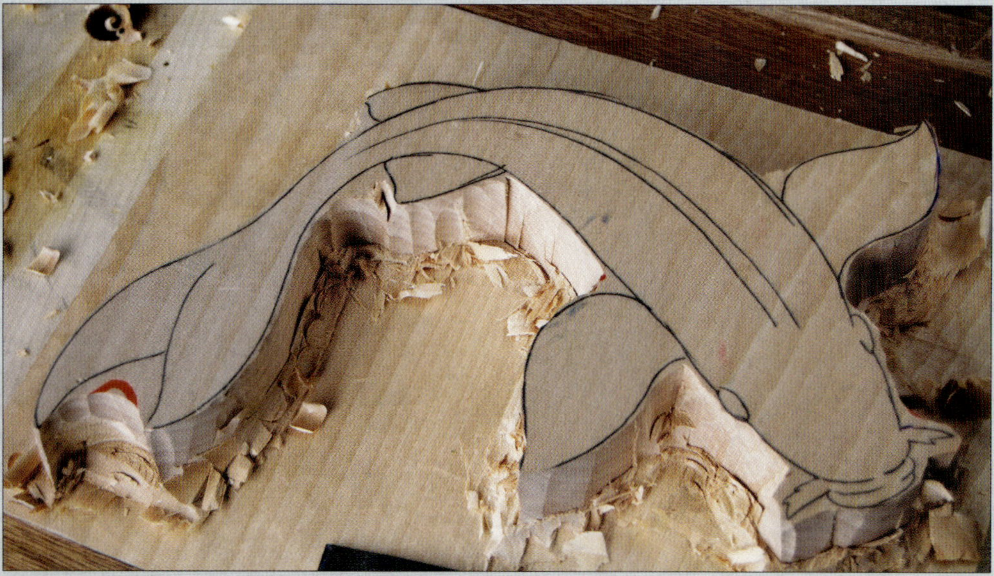

2 다시 배경으로 연결지점을 정리하려 시도하지 말라. 이 곳은 바닥치기가 될 것이고 당신이 여기서 하는 작업마다 잃게 될 것이다. 그러나 당신이 모서리에서 너무 많은 부스러기를 없애서 방해가 된다는 것을 알면, 그것의 약간을 깊은 가우지로 제거하기만 해라.

## Stage II : 모양 만들기

어떤 조각에서나 우리가 먼저 해야 할 일은 주요 덩어리, 나온 곳과 들어간 곳을 제자리에 두고 일반적인 방법으로 서로 정확히 연결하고 물 흐르듯이 하는 것이다. 이런 형태들은 우리가 연이어 하는 그 밖의 모든 것에, 즉 조형과 세부표현 둘 다에 바탕이 된다. 만약 그것들이 대상에 부정확하다면 당신이 그것을 절대로 올바로 보이게 만들 수 없을 것임을 알 것이다. 비록 여기서 우리가 단순한 릴리프를 조각하고 있지만, 뒤에 이어지는 것은 조각 원칙이라는 의미에서 매우 중요하다.

### 단계 1 : 형태의 시각화

나무에 코이를 시각화하려고 시도하면서 시작하라. 밑에서 당신의 최종 조각품을 만질 수 있다고 상상하라. 손을 물고기 표면의 위 공중에 두고 그것을 만질 수 있는 시늉을 해라. 무엇이 일어나고 있는가? 어떻게 그렇게 되는가? 스스로에게 말해 봐라(p.136의 조각가의 마법을 보라). 당신이 어떤 나무도 제거하지 못할 곳과 형태가 내리막으로 달리는 높은 지점에 표시하라. 여기서 그것은 등뼈의 전면 절반을 따라 있을 것이고 꼬리 지느러미 중 하나일 것이다.

당신이 많은 나무를 안전하게 제거할 수 있는 평면의 어떤 변화라도 표시하라. 여기서 옆 지느러미는 나무표면에서 약 ¼에서 ⅓까지 배경에서 위쪽 방향으로 낮춰질 것이다. 마무리된 정확한 레벨은 당신이 물고기가 갖추는 모양에 따라 판단할 것이다. 당신은 지느러미가 더 뒤로 가거나 앞쪽으로 훨씬 더 가깝기를 원할지도 모른다.

몸체의 나머지를 따라서 수평선을 표시하라. 수평선이 중요한 개념이라는 것을 기억하라. 완성된 조각의 수평선은 당신이 볼 수 없는 아래쪽에 있고 당신이 자유로이 나무를 제거할 선이다. 정확히 이 선이 달리는 곳은 항상 당신이 선택한 형태와 시점에 달려 있을 것이다. 이 경우에 수평선은 지느러미 레벨에서 배경으로부터 ¼에서 ⅓까지 위로, 꼬리에서 솟아올라 있고 수염에서 훨씬 낮춰서 놓일 것이다.

#### 형태의 시각화

- 당신이 나무 아래에 있는 것을 시각화하면 할수록, 당신은 그것을 찾을 더 좋은 기회를 갖는다.
- 당신의 마음속에 코이를 확고히 시각화하고 나무에 잘 표시할 때, 당신은 조각공구를 꺼내서 다음 단계로 나아갈 수 있다.

### 단계 2 : 보스팅해 들어가기

#### Tip : 보스팅

(Bobby에서처럼 철자 'o'를 가지고 있는) 보스팅은 본래 전체의 것을 전체 형태로 만든다는 의미인 스케치에 대한 옛 프랑스어 단어에서 유래한 전통 조각 용어이다. 그것은 대강 본뜨기보다는 더 세련된 개념이고, 알맞은 곳에 정확히 연결되어 조각적인 입체감을 지니고 그 작품에 대한 전반적인 정확한 흐름과 느낌을 갖는 것을 함축한다.

1 옆 지느러미를 수평선 아래로 두어라. 몸체는 둥글어지게 하고 지느러미는 평편하게 유지해라. 나는 이 조각에서 등지느러미를 암시했을 뿐이다. 그것은 등을 따라서 꼬리 쪽으로 호를 그리고 꼬리지느러미 중 하나의 엣지에서 끝나는 부드러운 곡선 부분을 형성한다.

# Stage II : 모양 만들기(이어짐)

## 단계 2 : 보스팅해 들어가기(이어짐)

2 등뼈와 꼬리지느러미를 평편한 가우지를 뒤집어서 높은 지점들에서부터 내리막지게 모양을 만들어라. 몸체를 따라서, 그리고 배경을 향해서 내리막으로 측면을 둥글려라. 눈을 만들 나무를 남겨라. 입술 안쪽으로 머리를 둥글리고 부서지기 쉬운 수염이 될 나무를 배경에 꽤 가깝게 낮추어라.

### 보스팅하기

- 보스팅은 아마도 어떤 조각에서나 가장 어려운 단계일 것이다. 당신은 탐구하고 통합하고 추구하며 규정하면서 혼돈의 시간을 겪는다. 그것은 또한 가장 중요하다. 보스팅은 뒤따르는 모든 것을 뒷받침하고 만약 당신이 그것을 정확히 한다면, 조각의 나머지는 딱 맞아떨어질 것이다.
- 당신의 공구 손잡이는 올라갈 것이고 절삭날은 수평의 선 위로 형태를 따르면서 수직으로 통과할 것이다. 거기서 멈춰라. 이 지점에 이른 후에 바닥치기를 시작할 것처럼 둥글게 계속하지는 마라.
- 다양한 가우지로 코이를 조각하고 당신이 원하는 전반적인 모양을 잡아라. 과감해라. 생각 없이 나무를 잘라버리지는 말아라. 당신이 시각화한 형태를 찾도록 해라.
- 전반적인 형태가 나오면, 그것을 향상시키기 시작할 수 있다.

## 단계 3 : 모델링(조형)

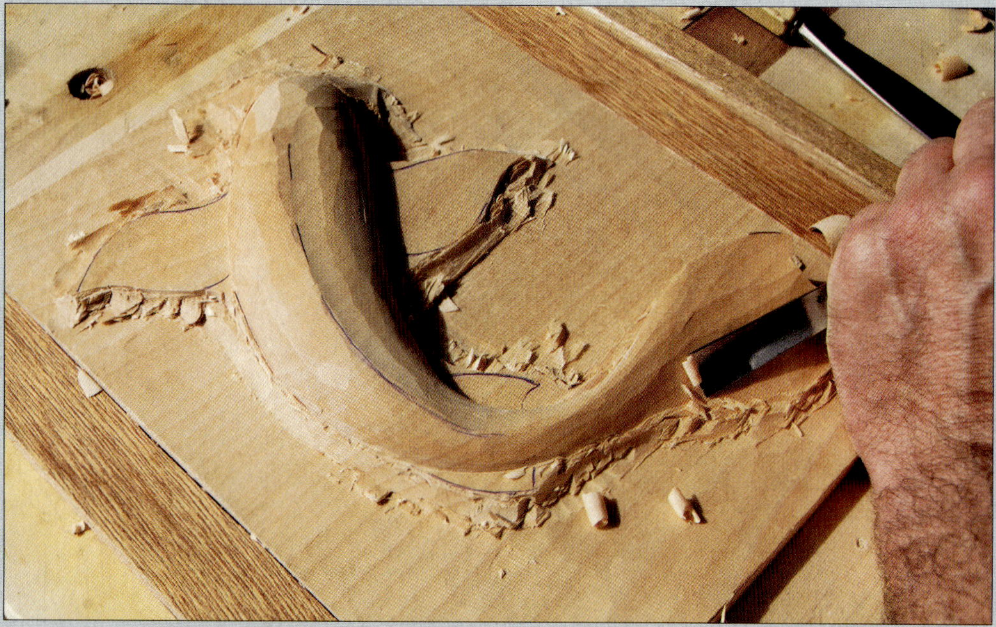

1 커브에 더 가깝게 매치되는 가우지를 고르고 지느러미 모양을 조금씩 갖추면서 점차적으로 당신이 하고 있는 것을 개선시켜라.

### 모델링

이 조형 단계의 마지막에 당신은 당신의 물고기를 잡아야 할 것이다. 당신은 그것의 존재를 느끼고 그것이 물속에서 분명하게 회전하는 것을 볼 수 있을 것이다. 표면은 깨끗하고 어떤 디테일이라도 만들 준비가 되어 있어야 한다.

# Stage II : 모양 만들기(이어짐)

## 단계 3 : 모델링(조형)(이어짐)

2 수염의 레벨을 찾고 그것을 다시 그려라. — 그것은 효과적으로 로 릴리프이다. 입술을 너무 돌출시키지 마라. 더 많이 꼬리 모양을 만들고 나서 두 개의 꼬리 지느러미로 나눠라. 나무판을 측면으로 돌려 눈을 더 쉽게 조각하라. 그것을 너무 많이 두드러지게 만들지는 말라!

## 단계 4 : 정확한 새기기

1 코이의 윤곽선을 분명히 나타내라. 몸체와 지느러미 주위로 가서 벽을 따라 맞추거나 잘라내서(p.97) 윤곽선을 파들어 가라. 수염 주위는 조심해라. 대상 주위에 지속적으로 지나도록 좁은 수평선을 형성하는 모든 새기는 컷들을 어우러지게 해라.

### 정확한 새기기

어떤 조각이라도 실루엣의 윤곽선은 가장 중요한 특징들 중 하나이며, 보는 사람에게 보이는 것을 분명하게 알려주면서 강하고 뚜렷해야 한다.

⅛"(3mm) 이상 엣지를 가로질러 파들어 갈 필요는 없다. 왜? 그것은 시간낭비이기 때문이다! 당신이 수평선인 윤곽선을 새길 때, 당신은 그 아래로 바닥깎기를 할 수 있다고 말하고 있는 것인데, 우리는 나중에 그것을 할 것이다. 그래서 벽 아래로 ⅛"(3mm) 이상의 이런 엣지 선을 만드는 것은 당신이 반드시 취소할 작업이다.

# Stage III : 바닥깎기

바닥깎기는 당신이 형태를 올바로 유지하고 있다는 절대적인 확신이 설 때 마지막으로 또는 적어도 나온다. 만약 바닥치기한 엣지에 다시 형태를 잡아야 한다면, 당신은 신선한 공기를 조각할 수 없다는 것을 곧 알 것이다.

1 먼저 깊은 가우지나 V툴로 과도한 폐기물을 제거하라. 대부분 당신은 슬라이스하거나 커브에 가우지를 맞춰서 약 20°의 각도로 새기는 것처럼 바닥깎기할 수 있다. 평편한 가우지로 코이 아래의 연결지점까지 배경을 정리해라. 수염은 약간 바닥치기하기만 해라.

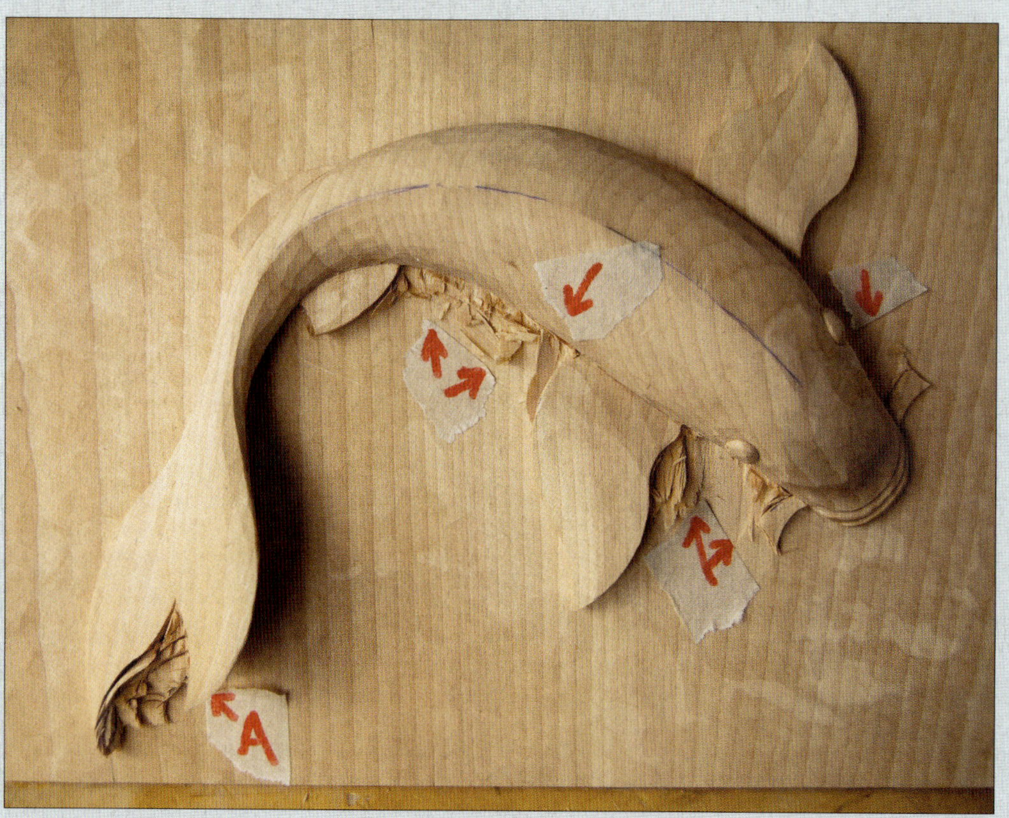


2 조각하기 빽빽한(화살표로 표시된) 부분으로 들어가기 위해서는 짧게 굽은 평편한 가우지(그라운더나 바닥다지기 공구)가 필요할 것이다. 또한 좁은 짧게 굽은 빗끌(또는 가우지)은 닿기 어려운 구석들을 말끔히 하는 데 탁월하다.

## Stage III : 바닥깎기(이어짐)

3 코이의 숨어 있는 형태가 이제 훌륭해 보인다. 깨끗하게 조형된 표면, 유연한 선, 그리고 말끔한 연결지점 등. 바닥치기가 완벽하다.

### 바닥깎기

- 지느러미와 같이 평편한 부분은 엣지를 가진다. 이 부분을 선명하게 유지하라. 몸체와 같은 덩어리는 둥글어져 있다. 몸체 아래의 공간만을 생각하지는 말라. 형태를 생각하고 그 아래의 공간 주위와 그 안으로 이끌어라.
- 바닥깎기하는 동안 더 잘 접근하기 위해 측면으로 나무를 잡아라.
- 몸체와 배경 사이의 최종 연결지점은 완성된 작품에서 보여서는 안 되지만, 마치 보이듯이 선명하고 부드러운 흐름이어야 한다. 이것이 훌륭한 조각의 표시이다.
- 바닥깎기는 조각의 부분을 약화시킨다. 우리는 양쪽에서 바닥을 깎기 때문에, 올라간 꼬리는 뱃머리처럼 배경에서 떨어져 나와 있다. 우리가 여기서 계획한 극적인 효과는 긴 나무의 섬유소를 필요로 한다.

## Stage IV : 디테일

로 릴리프의 코이에서 우리가 한 것처럼 정확히 작업해라(p.112). 몸체에 비늘을 추가하고, 지느러미에 세로 홈을 덧붙여라.

나는 등지느러미라는 인상을 주기 위해 코이의 등을 따라서 좁고 흐르는 홈을 새겼다.

## Stage V : 마무리

또 다시 로 릴리프의 코이와 같이 정확히 작업하라(p.113).

1. 목재용 투파트 제품으로 물고기 자체를 탈색시켜라. 나는 Rustins을 사용했다.
2. 무광 아크릴 바니시로 그것을 칠해라.
3. 그 형상을 끌어내기 위해 배경 위에 텅 오일, 대니시 오일, 또는 린시드 오일을 붓질해라.

### 마무리

왁스나 오일로 마무리하기 전에 빛을 바꿔라! 컷 자국이나 뜯김과 같은 표면의 흠들이 나타날 것이고 당신은 계속하기 전에 이것들을 수정해야 한다.

## 요약

내가 다양한 관점을 만들기 위해 정돈된 단계로 조각했지만, 우리는 대부분의 조각이 그만큼 단정하지 않다고 이해하는 것이 정말 중요하다. 당신은 효율이나 편의를 위해 — 그것은 조각경험과 더불어 나올 것인데 — 다양한 과정들을 조합할 것 같다.

당신은 이제 세 가지 다른 표현방식으로 코이 잉어를 보았다. 말하자면 드로잉(가장 평편함), 로 릴리프(평편함), 하이 릴리프(평편함에서 둥글어짐으로 이동함)이다. 어떤 하이 릴리프와 물고기도 완전히 둥글게 될 것이다. 또 다른 릴리프 옵션은 배경을 모두 없애는 것인데, 우리는 다음 장에서 그것을 할 것이다.

# 형태를 느껴라

앞선 장들에서 나는 당신에게 먼저 더 깊고 더 가파른 가우지로 완성된 표면 바로 위까지 나무를 낮추고, 그 후에 집약된 최종 형태를 드러내기 위해 평편한 가우지로 잘라서 등성이들을 부드럽게 만들면서 배경의 표면을 평평하게 하는 방법을 보여주었다.

그것은 즉시 명백해지지는 않지만, 이것은 당신이 마스터할 수 있는 가장 중요한 목공 기법들 중 하나이다. 모든 표면은 완성될 필요가 있지만, 배경은 꼭 그렇지만은 않다. 둥글고, 홈이 파이는 등등. 이 기법은 강력하고 빠른 작업 방법이다. 그러나 내가 더 많이 덧붙일 필요가 있다.

조각이 가지는 주요한 문제는 당신이 아래에서 찾고 싶은 것을 가로막는 나무 자체이다. 아래의 형태를 더 명확하게 시각화하면 할수록 당신은 더 쉽고 더 그것을 이룰 수 있다. 그런 이유로 당신은 드로잉이 필요하고 아마도 안내해줄 모델을 필요로 한다.

실제 작업은 밑에 있는 형태를 찾기에 더 빠른 공구를 사용하면서 더 쉬운 단계들로 행해진다. 이후의 등성이 걷어내기는 마치 마술로 당신이 이미 분명히 포착한 형태를 드러내듯이 표면을 명확히 해준다. 작업을 성공적으로 이끌려면, 당신은 공구 아래의 형태를 강렬하게 시각화해야 하고 공구에는 그렇게 집중하지 말아야 한다.

형태 — 당신이 나무에서 찾고자 하는 모양 — 를 느껴라. 당신이 탐구하고 더 깊은 가우지로 탐색하면서 그것의 표면을 느껴라. 당신의 조각을 시작하는 순간부터, 물 흐르는 듯이 자연스러운 태도로 공구를 들고 형태를 뒤따르면서, 바로 이 가상의 표면 위로 당신의 컷을 놓도록 해라. 이 아래에 놓인 형태가 맞으면 그 후에 표면에 집중하라.

Chapter 11

# 뚫려 있는 릴리프(투각)

Chapter 9(p.102)와 Chapter 10(p.116)에서, 다른 깊이로 조각하는 것이 어떻게 단순한 디자인을 철저히 바꾸는지를 실증하기 위해 로 릴리프와 하이 릴리프 조각 둘 다에 같은 코이 드로잉을 사용했다.

나는 뚫린 릴리프라는 것을 위해 한 번 더 같은 코이 드로잉을 사용하여 여기서보다 훨씬 더 많이 이 점을 알리겠다. 기술적으로 다른 방법으로 같은 디자인을 다룸으로써 당신은 시각적으로 완전히 다른 조각을 만들어낸다는 것을 즉시 볼 수 있다.

그래서 릴리프 조각을 위한 하나의 디자인을 가지고 있다는 생각을 할 때마다, 당신은 거의 확실히 적어도 세 가지의 가능성을 가지게 된다!

세 가지 스타일의 — 로우, 하이, 그리고 뚫린 — 릴리프 조각은 여기서 보이듯이 하나의 패턴에서 만들어질 수 있다.

열린 공간은 릴리프 조각에 동작과 극적 효과를 더해준다. ≫

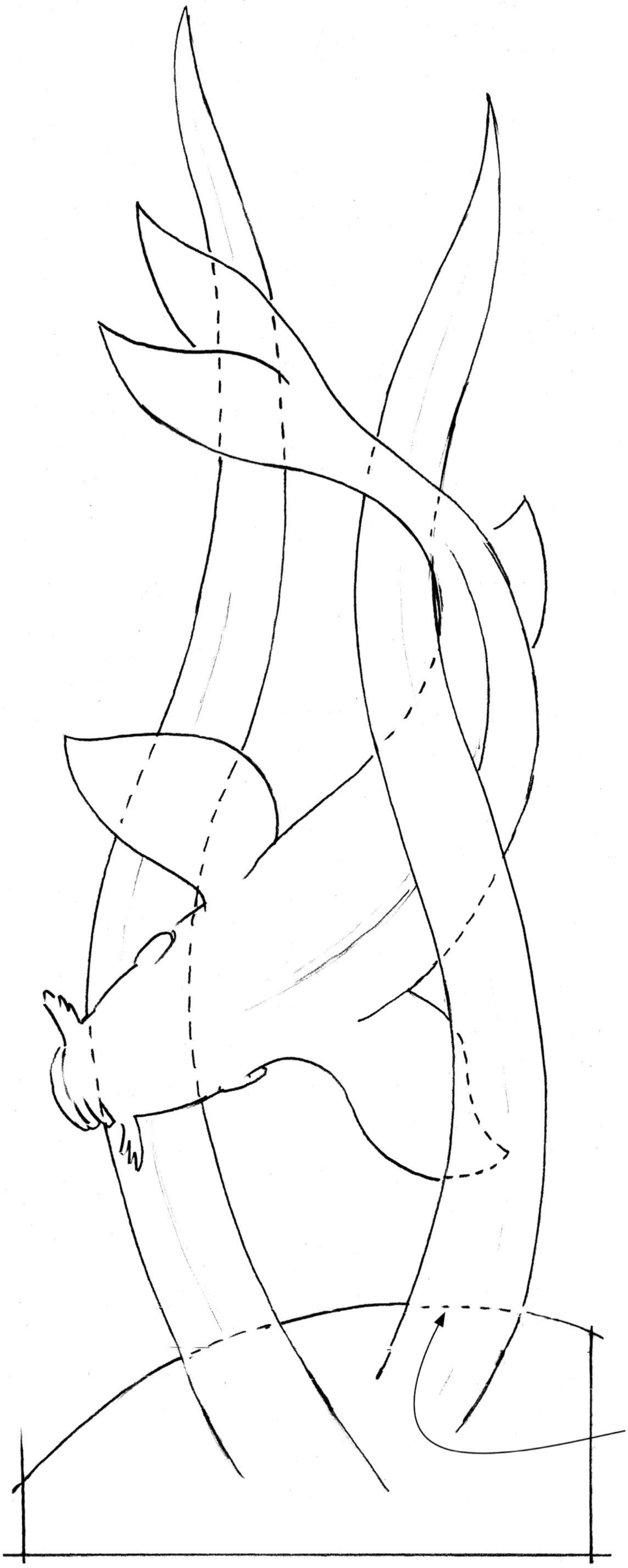

180%로 복사한 패턴

## 재료와 공구

- ⅝"×6½"×17"(20mm×160mm×430mm) 라임우드 또는 배스우드
- ½"×9"×18½"(13mm×230mm×470mm) 레바논삼목 또는 선택한 나무(마운팅 보드)
- ½"×8"×18"(13mm×200mm×400mm) MDF 또는 합판 (조각을 잡아주는 용도의 뒤판)
- 스프레이형 접착제
- 목공풀
- 주름종이
- 러스틴 같은 투파트 탈색제
- 무광 아크릴 바니시
- 텅, 대니시, 또는 린시드 오일
- 나무 나사

여기에 내가 이 조각에 사용한 전체 공구 리스트가 있다. 당신은 유사한 공구들도 마찬가지로 작동할 것임을 알 것이다.

- 보통의 가우지(Sheffield 리스트)
  - #3 가우지 : ½"과 1"(13mm와 25mm)
  - #4 가우지 : ⅛"(입 주위)와 ¼"(3mm와 6mm)
  - ⅝"(16mm) #5 가우지
  - ⅜"(10mm) #7 가우지
  - ⅜"(10mm) #8 가우지(비늘)
  - #9 가우지 : ⅛"(입)과 ¼"(플루트) (3mm와 6mm)
  - 1/16"(2mm) #11 가우지
- ⅜"(10mm) 60° V툴
- ⅜"(10mm) 빗끌
- 길고 얇은 스패튤라(주걱) 또는 무딘 나이프

드로잉의 점선은 물고기 뒤로 가는 갈대들을 나타낸다. 조각할 때 그것들을 통과해서 보지만 절대로 그것들을 따라서 자르면 안 된다.

# 뚫린 릴리프(투각)

릴리프 조각은 그 안에 구멍이 있으면 뚫린다. 뚫린 릴리프는 보통 여전히 압축된 깊이 차원을 가지고 있고 아직 단 하나의 정확한 시점을 지닌 릴리프가 부분적으로 배경을 가지고 있거나 완전히 배경이 잘려 나간 것을 뜻한다.

## 이 기법의 장점들

- 시간 절약 — 배경을 낮추고 평탄화하는 모든 작업을 피할 수 있기 때문이다.
- 배경 없이 당신은 나무의 전체 깊이를 보고 아래로 치기나 뒤로 치기와 더불어 이 깊이는 작품에 많은 극적 효과를 더해준다.
- 뚫린 릴리프는 대비시키는 나무 판에 솟아 있거나 거울 삽입으로 아주 매력적으로 보인다.

## 뚫기의 단점들

- 조각 자체는 정상적으로 배경의 나무에서 나오게 되는 많은 힘을 잃는다.
- 당신은 이것을 보충하기 위해 디자인을 바꿀 필요가 있을지도 모른다.
- 벽(그리고 따라서 어떤 벽지라도!)은 조각을 통과해서 보일 수 있다.

# 디자인

조각의 배경을 완전히 없애서 잃게 될 것이라고 알고 있는 힘을 회복하기 위해 내 코이 드로잉에 약간의 변화를 주었다.

- 나는 코이를 지탱하고 힘을 더해줄 두 개의 단순하고 미끈한 갈대들을 추가했다. 여기서 비법은 전반적인 디자인에 필수불가결한 어떤 힘을 주는 요소들을 만드는 것이다. 그래서 나는 그것들의 곡선과 코이의 곡선을 대비시켰고 물고기가 그것들 사이에서 헤엄치게 했다.
- 나무의 섬유소(나뭇결)는 이제 수염과 갈대들의 꼭대기와 같은 약한 요소들을 뚫고 수직으로 흐른다.
- 갈대들의 꼭대기는 자유로이 흐르지만, 나는 연못 바닥에서 자라나게 해서 맨 아래쪽에 갈대를 함께 묶었다.
- 이 바닥은 또한 디자인에 균형을 잡는 힘을 준다.
- 드로잉의 점선은 갈대들이 물고기 뒤로 가는 것을 나타낸다. 조각할 때는 그것들은 뚫고 보지만, 절대로 그것들을 따라서 잘라버리면 안 된다!

# 준비

## 패턴 부착하기

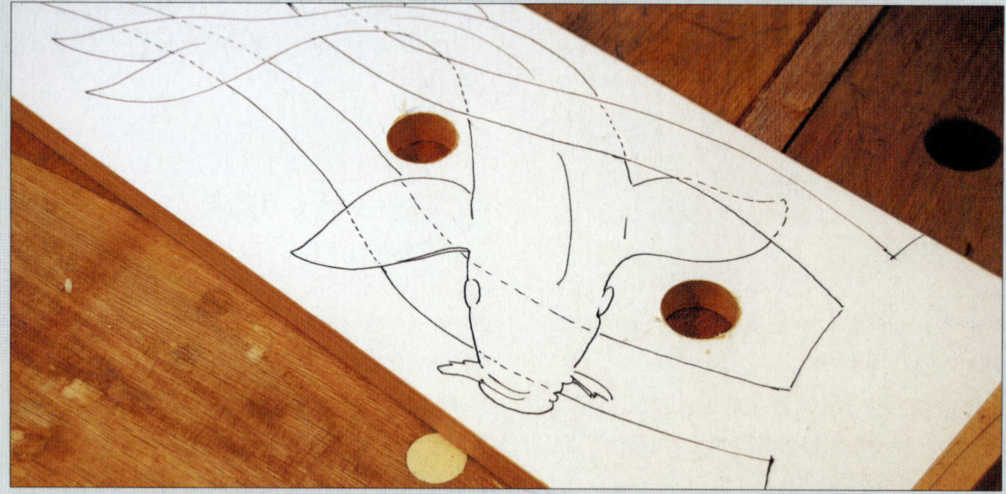

1 드로잉을 사진대지용 풀로 나무에 붙여라. 그 대신에 나무에 따라 그리거나 직접 그려라. — 그러나 정확해야 한다. 당신은 톱질할 말끔한 선이 필요하다. 풀이 마르면, 잘라내기 용이하게 에워싸인 공간이 될 구멍을 내라.

## 윤곽선 자르기

2 선의 바로 바깥쪽을 유지하면서 밴드 쏘로 정확히 윤곽선을 잘라라. 만약 밴드 쏘가 없다면, 엣지 스퀘어를 유지하고 조각 안으로 잘라 들어가지 않도록 코핑 쏘나 지그 쏘를 이용해라. 이 단계에서는 윤곽선을 정리할 필요가 없다.

3 구멍들을 통과해서 칼날을 집어넣어 스크롤 쏘나 코핑 쏘로 윤곽선들 위까지 내부의 공간들을 잘라라. 미묘하고 작은 부분들은 잎이나 물고기 안으로 잘릴 위험을 감수하지 않도록 뚫지 않은 채 남겨둬라. 우리는 나중에 이 부분들을 뚫을 수 있다.

## 종이 샌드위치 만들기

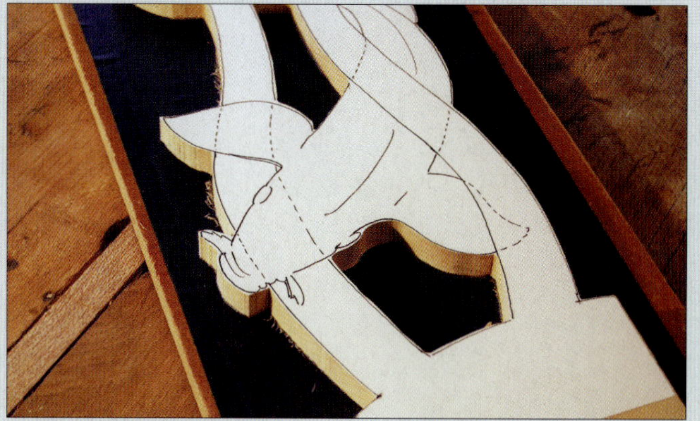

4 이 뚫린 디자인은 부분적으로 매우 까다롭고, 잡기 어려우며, — 바이스나 클램프의 압력으로 또는 조각 과정 자체에서 — 조각조각 부서져버릴 실제 위험이 있다. 그것을 잡는 최선의 방법은 페이퍼 샌드위치 방법이다(오른쪽을 보라).

### 페이퍼 샌드위치

1. 목공 풀과 물 50 : 50 혼합물을 평편한 보드(합판이나 MDF) 위로 붓질해 발라라.
2. 두꺼운 갈색 주름종이나 얇은 마닐라 판지로 보드를 덮어라.
3. 종이표면과 조각의 뒤쪽에 더 많은 접착제 믹스를 붓질해 발라라.
4. 조각을 뒤판에 꽉 조여라. 조각의 모든 부분이 꽉 압착되었는지 확인하라. 마르게 두어라. 결국에 우리는 보드에서 물고기를 떼어내기 위해 샌드위치된 종이나 판지를 분리할 것이다.

# 조각

## 모양 만들기

1 코이 자체를 조각함으로써 출발하고 나중에 그 주위로 갈대들을 작업하라. V툴로 갈대들을 그리면서 시작하라.

2 물고기 자체를 둥글리고 모양 잡으면서 시작하라. 받치는 나무의 주위와 안으로 조금 파들어 가라. 당신은 결국 바닥치기할 것이지만 지금은 그렇게 하지 마라.

3 조각하면서 물고기와 갈대들의 형태와 그것들이 어떻게 함께 어울리는지를 생각하라. 갈대들의 뒤와 앞으로 부드럽게 지나가는 물고기와 그 반대의 상황을 상상하는 것은 실제로 중요하다.

4 여기서 당신은 물고기와 갈대들 사이의 흐름을 볼 수 있다. 원래의 드로잉 중 몇 가지는 아직까지 조각되지 않은 채 남아 있다. 이 단계에서 갈대들은 본래 평편한 리본들이지만, 나중에 당신은 디자인의 중앙을 향해 조금 안쪽으로 그것들을 비틀어서 재미를 덧붙일 수 있다.

## 조각(이어짐)

### 조형

5 계속 코이를 조각하고 갈대를 조정해라. 나무의 전체 깊이를 사용하고 바로 엣지까지 모든 것을 조형하라.

### 엣지 파기

6 그리고 나서 형태를 완성하면, 가우지 스윕을 커브와 매칭시키거나 슬라이스하면서(p.97) 코이와 갈대들의 엣지를 정확히 파들어 가라. 눈을 갈대까지 내려서 주의 깊게 조각하라.

### 바닥 깎기

7 엣지를 파들어 가고 바닥깎기를 시작하라. 20-30°가 충분하다. 그 테크닉은 하이 릴리프가 더 쉽다는 것 외에는 그것(p.124)과 똑같다. — 배경에는 아무 연결지점도 없고, 뒤판으로 직접 잘라 내려갈 수 있다.

### 작은 구멍 뚫기

8 이제 어떤 작고 뚫려 있는 부분을 다룰 때이다. 당신은 빗끌이 이 빽빽한 모서리들에 즉각 들어갈 것임을 알 것이다.

### 디테일 추가하기

9 중간 스윕의 가우지로 표면에 질감을 부여해서 갈대들로부터 연못 바닥을 시각적으로 분리시켜라.

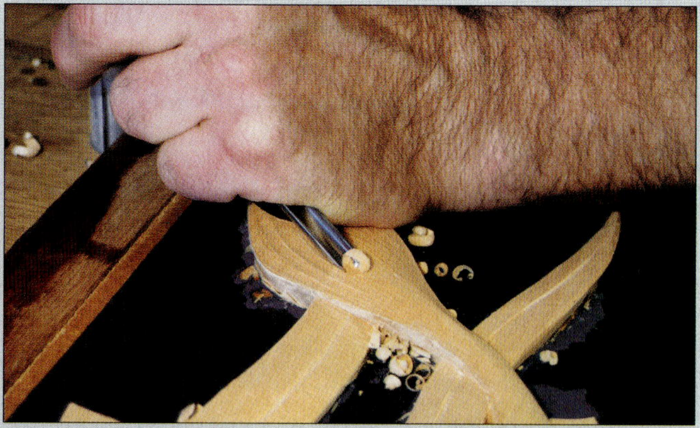

10 이 디자인의 이전 릴리프에서처럼 최종의 디테일들을 추가하라. 지느러미의 플루트, 수염, 비늘, 갈대들의 중앙 잎맥, 그리고 코이 등의 중심선.

## 조각(이어짐)

뒷판에서 제거하기

**11** 조각의 튼튼한 지점(연못 바닥의 엣지와 같은)에서 시작하여, 종이를 떼어내면서 조각과 뒤판 사이에 얇은 스패튤라 또는 무딘 나이프의 엣지를 밀어 넣어라. 날이 뒤판에 평평하게 눌리게 해라. 손잡이를 슬라이싱 동작으로 물고기 주위로 조심스럽게 좌우로 움직여라. 지렛대처럼 움직이지는 말라!

**12** 뒤판 위에 종이 반쪽과 코이의 반대쪽에 나머지 절반을 남기고, 결국에 조각은 들려질 것이다. 뒤쪽 엣지를 정리한 후에 나는 종이는 남기기로 했다. 그것은 보이지 않고 실제로 조각의 더 약한 요소들을 강화시킨다. 종이를 제거하기 위해 사포로 덮여 있는 평편한 압반(고무 롤러) 위에 조각을 문질러라.

## 마무리하기

코이 조각의 로 릴리프와 하이 릴리프에서와 정확히 똑같이(p.113과 p.125)

1. 물고기 자체를 목재용 투파트 제품으로 탈색해라.
2. 무광 아크릴 바니시를 발라라.
3. 묘사를 두드러지게 하기 위해, 텅 오일, 대니시 오일, 또는 린시드 오일을 갈대와 베이스에 붓질해라.

## 마운팅하기

비록 행거를 어디에 고정시킬지의 문제가 있을 수 있지만, 당신은 뚫린 릴리프를 있는 그대로 둘 수 있고 직접 벽에 걸 수도 있다.

나는 뒤에서 코이 안으로 관통해 나사못으로 고정하여, ½" (13mm) 두께의 단순하고 휘감는 결을 가진 향기 나는 레바논삼목 보드 위에 내 조각을 세우기로 했다.

## 요약

이제 당신은 네 가지로 다르게 표현된 코이 잉어를 보았다. 즉,

- 드로잉(가장 평편함)
- 로 릴리프(평편함)
- 하이 릴리프(평편함에서 둥글어짐으로 이동하며, 어떤 부분은 아마도 완전히 둥글어짐)
- 뚫린 릴리프(배경이 없음)

당신이 같은 조각에서 릴리프의 다른 형태를 혼합할 수 없다고 말할 어떤 규칙도 없다. 중요한 질문은 "당신은 관람객에게 어떤 효과를 주기를 원하는가?"이다.

# 카오스 들어가기

둥근 모양에서 조각의 첫 단계는 종종 걱정이 따른다는 것이다. 그것은 분명히 도중에 그 모든 나무로 씨름하는 아주 힘든 일이다. 하지만 당신이 추구하는 것을 보기 시작할 때 결국 내가 '인식의 시점'이라 부르는 것이 온다.

이 시점은 그 본질과 유연하게 지나가는 것 때문에 종종 알아차리지 못한다. 다른 한편으로, 그것은 잠시 동안 조각을 내버려둔 후에 '아하'라고 하는 완벽한 순간일 수도 있다. 나에게는 이 시점은 명확히 언덕의 꼭대기이다. 나는 성공하는 것에 대해 훨씬 더 편안하게 느낄 만큼 충분히 분명히 내 대상을 느낄 수 있다.

여기에 당신이 인식의 시점에 도달할 때까지 첫 번째 혼돈 단계를 통과하게 도와줄 몇 가지 제안이 있다.

- 준비가 정말 중요하다. 드로잉, 모형, 그리고 참고자료를 모아라. 당신이 나무로할 것을 시각화하면 할수록, 더 좋다(p.126).
- 당신이 나무를 떼어내지 않을 부분(표면)을 결정하고, 그것에 표시를 하라. 이것이 조각의 표면에 갖춰야 하는 안전한 요점이다. 여기서부터 나무로 파내려가고 안전한 지점으로 이동하면서 다른 것들을 찾아 나가라.
- 먼저 큰 형태를 생각하라. 절대로 바닥치기는 안 된다. 훨씬 나중에 디테일을 생각하라.
- '조각가의 마법'을 시도하라. 나무블록 표면 위의 공중에 손을 들고 나무 안에 당신이 시각화하는 형태를 만질 수 있다고 상상하라. 그것의 덩어리, 움푹한 곳, 유연한 흐름. 동시에 당신의 손이 보는 것에 대해 혼잣말해라. 조각가의 마법은 나중의 당신 조각에 대한 일종의 선제적인 마음 근육을 확고히 한다.

Chapter 12

# 입체로 : 야구모자

둥근 모양으로 조각하는 것은 정확히 다음을 뜻한다. 어느 방향에서나 보일 수 있도록 대상물을 완전히 입체적으로 조각하는 것이다. 어떤 면에서 삼차원 조각은 원근과 비율이 사실적이기 때문에 릴리프보다 더 쉽다. 릴리프 조각은 단일한 시각을 감안하여 종종 왜곡이나 원근법을 필요로 한다.

다른 한편, 다음 프로젝트(p.152)에서 볼 수 있듯이, 당신은 디자인 안에서 작업할 수 있는 힘을 유지하도록 나무의 섬유소에 더 많이 집중하기만 하면 된다.

모자의 움푹한 곳

모자의 버클

모자의 앞면

둥근 형태로 조각하는 것은 삼차원적인 조각을 만들어낸다. ≫

# 디자인

나는 부분적으로 디테일이 주로 우리가 이미 만났던 (Chapter 9) 로 릴리프인 간단한 대상이기 때문에, 그리고 부분적으로는 당신의 모델로서 역할을 하는데, 예술이라는 명목으로 희생하기에 괜찮은 것을 찾기가 쉽기 때문에 야구모자를 모방하기로 하였다.

내가 실제 야구모자의 완전한 환영을 만들어내려는 아무 의도도 가지고 있지 않다는 것을 인식하는 것이 중요하며, 나는 모자의 챙을, 가령 효과를 만드는데 필요한 이상의 어떤 것이라도, 깎아내리려 하지는 않을 것이다. 그럼 요지는 무엇인가? 차라리 나는 모자가 나무로 되어 있다는 것을 관람자들이 알아차리기 전에, 잠시 그들을 속이고 싶을 뿐이다. 맥락이 이것을 도울 것이다. 나는 머리에서 벗겨진 모자가 테이블 위 다른 아이템들 사이에 던져져 아마도 스웨터 위에 놓여 있는 것을 보고 있지만, 그것은 다른 모자들과 함께 걸이에 매달려 있을 수도 있다.

당신이 자신의 디자인을 고려할 때, 그 대상을 훨씬 더 흥미롭게 만들 수 있는 방법들에 대해 생각하도록 해봐라. 그래서 예를 들면, 나는 야구모자의 간단하고 복잡하지 않은 모습을 택하지는 않았다. 나는 다른 반쪽이 둥글어져 있는 반면에 움푹한 것을 만들어내려고 모자의 한쪽 절반을 밀어 넣었다. 그래서 조각적으로 우리는 중간에 긴장과 완화의 모든 선들로 공간과 형태 사이의 균형을 얻는다. 이 접힌 선들은 — 혼동이 있는데 — 모자가 잘 읽히고 즉각적인 영향을 갖도록 단순화되어야 한다. 뒤에 조정할 수 있는 끈이 약한 부분이다. 나는 나무를 뚫으면서 최소화하려고 그것을 밀어 넣었다.

## 재료와 공구

- 당신이 고른 모자에 적합한 사이즈의 배스우드 또는 선택한 나무
- 목공용 풀과 물 혼합물
- 안 지워지는 마커(매직팬)
- 스크루
- 캘리퍼스
- 나이프 또는 스탠리 날

이것들이 내가 이 조각에 사용한 주요 공구들이다. 당신은 유사한 공구들도 마찬가지로 해낼 것임을 알 것이다. 당신은 디자인에 따라서 더 깊은 움푹한 곳에 다른 짧게 굽은(스푼형) 공구들을 필요로 할지도 모른다.

- 레귤러 가우지(Sheffield 리스트)
  - #3 가우지 : ¼", ½", 그리고 ¾"(6mm, 13mm, 그리고 19mm)
  - 1"(25mm) #4 가우지
  - ¼"(6mm) #8 가우지
  - #9 가우지 : ⅛"과 ½"(3mm와 13mm)
  - ⅜"(10mm) 빗끌
  - ⅜"(10mm) 60° V툴
- 스푼형 굽은 가우지
  - ⅜"(10mm) #3 스푼형 굽은 가우지
  - ⅜"(10mm) #7 스푼형 굽은 가우지
  - ½"(13mm) #8 스푼형 굽은 가우지
  - 스푼형 굽은 60° V툴 : ⅛"과 ⅜"(3mm와 10mm)
  - 스푼형 굽은 빗끌 : ⅛"과 ¼"(3mm와 6mm)

여분의 야구모자를 가지고 멋진 표정을 입혀라.

50 : 50의 목공용 풀과 물의 혼합물로 모자를 빳빳하게 하고 원하는 대로 정리하고, 마커로 몇 군데의 가장 돌출한 엣지를 표시해라.

## 모델

1. 먼저 당신의 야구모자를 찾아라. 내 것은 중고품 할인매장에서 사왔다. 그것을 테이블위에 놓고 실제로 가까이 보아라. 무엇보다도 이것이 예리한 관찰을 하는 연습이다. — 당신은 다시 결코 똑같은 방법으로 야구모자를 쳐다보지는 못할 것이다! 당신이 재미있는 디자인을 찾을 때까지 모자의 형태를 궁리해라.
   주름과 골을 보고, 그것들이 어떻게 솔기의 빳빳함에 영향을 받는지 보아라. 모자라는 재료가 테이블 위에 있는 자리의 아래에서 어떻게 접히는지 주목하라. 모자의 챙이 어떻게 아치를 그리는지, 그리고 어떻게 모자 자체보다 더 좁은지, 그리고 챙의 끝부분이 어떻게 내려오고 모자의 몸체와 접하면서 어떻게 올라오는지.
2. 다음으로 우리는 모자가 형태를 유지하도록 빳빳하게 만들어야 한다. 동량의 물로 희석한 목공용 풀이 모자 안팎으로 천까지 푹 적시는지 확인하면서 붓질해라.
3. 보드 위에 모자를 놓고 챙이 더 많이 아치를 그리도록 매만지고, 필요하다면 무너지는 것을 막기 위해 안쪽으로 덧대면서 당신의 디자인을 재창조하라. 모자를 마르게 두어라.
4. 영구적인 마커로 주요 주름의 등성이를 따라서 선들을 그려라. 당신이 보는 것을 단순화할 필요가 있을 것이다. 모든 작은 구김에 대해 집착하기보다는 가장 효과적인 형태에 집중해라. 그러면 최종 조각의 외형이 더 많은 영향력을 지닐 것이다. 이런 주름들의 꼭대기는 높은 곳이고, 따라서 조각의 시작에 중요한 참고 지점이다. 또한 높은 지점인 다른 어떤 재미있는 부분도 표시해라.
5. 모자챙을 통과하여 뒤까지 중심선을 그려라.
6. 종이 한 장 위에 모자를 놓고 그것의 윤곽선을 그려라. 당신의 목재에 맞게 치수를 재라.

## 나무와 홀딩

만약 충분히 큰 나무 한 조각을 가지고 있다면, 당신이 그린 윤곽선에 맞게 기계톱으로 잘라 모자를 한 덩어리로 조각할 수 있다.

내 모자의 규모는 모자챙의 꼭대기가 몸체와 만나는 곳에 이음이 놓이게 한 채로 2¼"(60mm) 두께의 결이 조밀한 배스우드 두 조각을 접착시킬 수 있을 정도였다. 풀로 접착시키기 전에 두 조각으로 기계 톱질하여 불필요한 나무를 제거하는 데 드는 많은 시간을 절약했다. 다른 한편으로, 연결부분의 접착제 자국이 보일 위험이 있으므로, 만약 당신이 이런 식으로 작업한다면, 가능한 한 두드러지지 않게 이음을 만들 수 있도록 그 두 조각의 색과 결을 맞추는 데 많은 주의를 해라.

카버스 스크루는 조각을 빙 돌려서 쉽게 작업하게 해줄 것이다. 스크루는 나무블록의 두꺼운 부분으로 들어가야 한다. — 당신은 예리한 가우지가 스크루 안으로 조각해 들어오는 것을 원하지 않으며, 절대로 모자의 꼭대기에 구멍을 내고 싶어 하지 않는다! 꼭 필요한 구멍을 뚫고 스크루를 삽입하기 전에 최적의 위치를 주의 깊게 측정해라.

나는 첫 번째의 더 육중한 단계의 조각를 위해 벤치 바이스로 고정된 보드의 구멍에 스크루 손잡이를 넣었다. 나중에 나는 수직의 기둥이 작품을 붙잡아 주고 거기에 접근하기에 더 유용하다는 것을 알았다.

## 조각하기

당신의 야구모자를 조각할 때, 당신이 창조한 모델에 당신의 조각을 항상 비교해야 한다는 것을 기억해라.

이것이 당신의 조각이 사실적으로 보이도록 보장해주는 최선의 방법이다. 우리가 하이 릴리프 조각(p.120)을 위해 한 것처럼 시작해라. 전반적인 모양을 대강 다듬고 다양한 부분들과의 관계를 확립하고, 그리고 나서 솔기, 단추, 등등의 세부적인 것들로 작업하고 최종적으로 바닥치기하면서, 모델링으로 형상을 개선시킨다.

나는 하나의 두꺼운 조각보다는 두 조각의 기계 톱질한 배스우드로 내 모자의 반가공품을 만들기로 했다. 이것은 버려지는 어떤 조각도 남기지 않고 많은 시간을 절약한다.

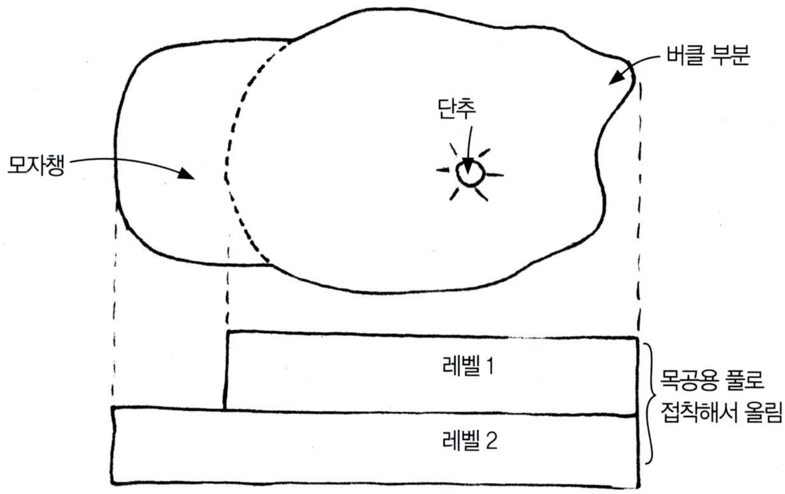


만약 당신이 접착해 올린 두 조각의 나무를 선택한다면, 그것들을 그림처럼 배열해라.

## 대략적인 모양(이어짐)

### 길이 정하기

1 이 첫 번째 단계는 우리에게 모자의 전반적이고 구분되지 않는 모양을 가져다준다. 세로로 옆모습을 정해서 시작해라. 중간 스윕의(¾"[19mm] #7와 같은) 큰 가우지를 택해라. 가운데의 가장 높은 지점에서 시작하여, 모자챙의 중앙선을 따라 조각해라. 나무 위의 선이 모델의 선과 똑같은 평면을 따라 놓일 때까지 중앙선을 다시 그리고 그것을 모델과 비교해라.

2 가장 높은 지점에서 뒤까지 반대 방향으로 조각해라. 이전처럼 중앙선을 다시 그려라. 이것이 쓸모 있는 참고점이다. 그 선은 당신이 다음에 또 다른 쪽의 나무 아래로 작업할 수 있는 새로운 고점이다.

### 양 측면 형태잡기

3 똑같은 가우지를 사용하여 이제는 중앙선에서부터 옆으로 각 측면을 향해 조각해 내려가라. 전체 모자를 다루고 모델의 모양과 형상을 모방하면서, 한쪽 절반을 먼저 작업하고 나서 나머지 쪽도 해라.

### 대략적인 모양

- 본래 우리가 작업할 방법은 완성된 표면에 도달할 때까지 나뭇조각 주변에 예비단계를 거치고 개선하는 단계를 뒤따르게 하는 것이다. 처음의 몇 단계들은 아주 중요한 다듬기인 주된 덩어리와 모양 스케치하기(p.121)로 구성된다. 캘리퍼(측경 양각기)를 사용하여 주요 랜드마크의 위치를 확인해라. 하지만 모델을 당신의 나무에 비교할 때, 무엇보다도 당신의 눈을 신뢰해라.
- 첫 단계에서의 원칙은 큰 그림을 택하는 것이다. 당신이 무엇을 없앨 것인지가 아니라 나무를 어디에 남길 것인지에 대해 생각해라. 마치 모자 전체가 높은 곳에서 높은 곳까지, 접힌 선에서 접힌 선까지 플라스틱 랩으로 덮여 있듯이, 당신의 모자에 있는 것 같은 접힌 선을 나무에도 두고 움푹한 곳을 가볍게 처리하는 데 목표를 두어라.
- 나의 다소 왜곡된 모자 위에는 어떤 단추나 끈도 이 선을 따라 놓여 있지 않다는 것에 주목해라. — 당신의 것은 그렇지 않을 수도 있다.
- 이제 당신은 모자의 몸체가 접힌 선들이 올바른 자리에 있고 음영을 주는 어떤 움푹한 곳들이 있는 모델처럼 인식되어 보이게 해야 한다. 모자챙 자체는 다음에 다룰 것이다. 단추, 솔기, 공기구멍, 그리고 버클은 모두 나중에 집어넣을 디테일이다. — 지금은 그것들을 만들기에 적절한 부분의 나무를 남겨야 한다는 것을 명심하기만 해라.

## 대략적인 모양(이어짐)

### 모자챙과 단추 점검하기

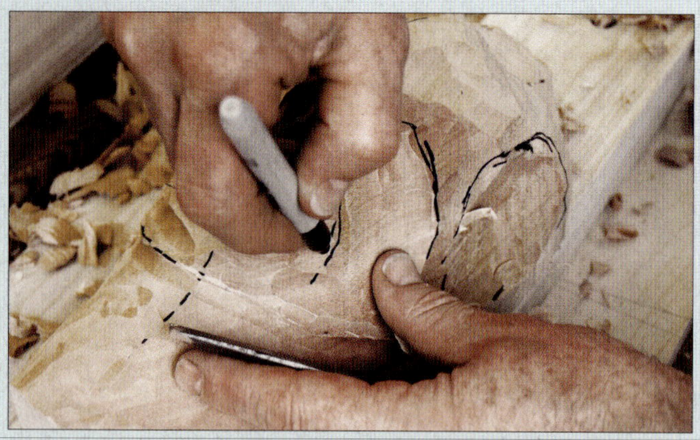

4 접힌 선들을 개선하여 다시 그려라. 캘리퍼로 당신의 조각과 모델을 비교하라. 단추의 위치를 그리고 그 주위에 U자형 홈을 파라. 덩어리가 다소 당당히 서 있도록 주위의 나무를 낮추고 지금은 그대로 두어라.

### 움푹한 곳 깊게 하기

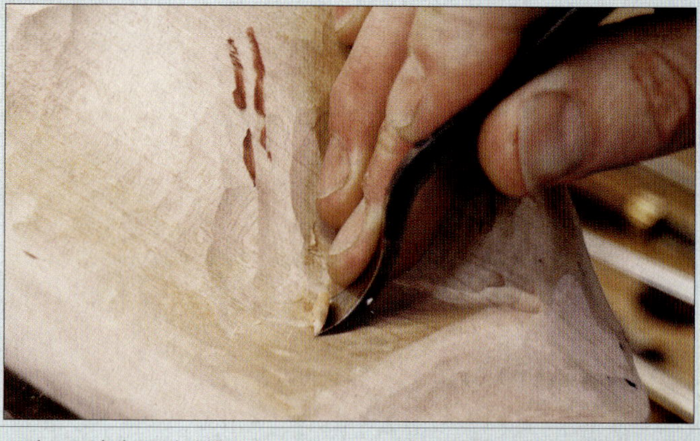

5 모양과 몸체의 움푹한 곳을 개선시키고 접힌 선을 다시 그려라. 내 모자에서 한쪽에 있는 움푹한 곳은 너무 깊어서 아랫면의 ¼"(6mm) 안에 있었다. 당신은 패인 곳과 움푹한 곳 안으로 작업할 수 있는 스푼형 굽은 가우지를 필요로 할 것이다.

## 모자챙

### 모자챙의 연결부 조각하기

1 모자의 천은 아치의 꼭대기에서 챙의 연결 지점 위로 약간, 그리고 양 측면으로 더 많이 접혀 있다. 한쪽 측면 주위와 아래에 더 낮은 엣지로 시작하여 반대쪽 측면위로 부드럽게 아치를 이루면서 모자를 잇는 챙의 선을 찾아라. 챙과 모자의 연결지점을 V자형 툴로 분명히 해라.

### 챙의 윤곽선 파들어 가기

2 당신이 하이 릴리프 조각(p.123)에서 한 것과 마찬가지로 아름답고 흐르는 듯한 선으로 챙의 윤곽선 — 바깥쪽 엣지 전체 — 을 파들어 가라. 대칭을 점검해라. 아직 바닥치기하고 싶은 어떤 유혹에도 저항해라! 당신은 챙의 위치를 바꿀 필요가 있을지도 모른다.

## 모자챙(이어짐)

### 질감 정하기

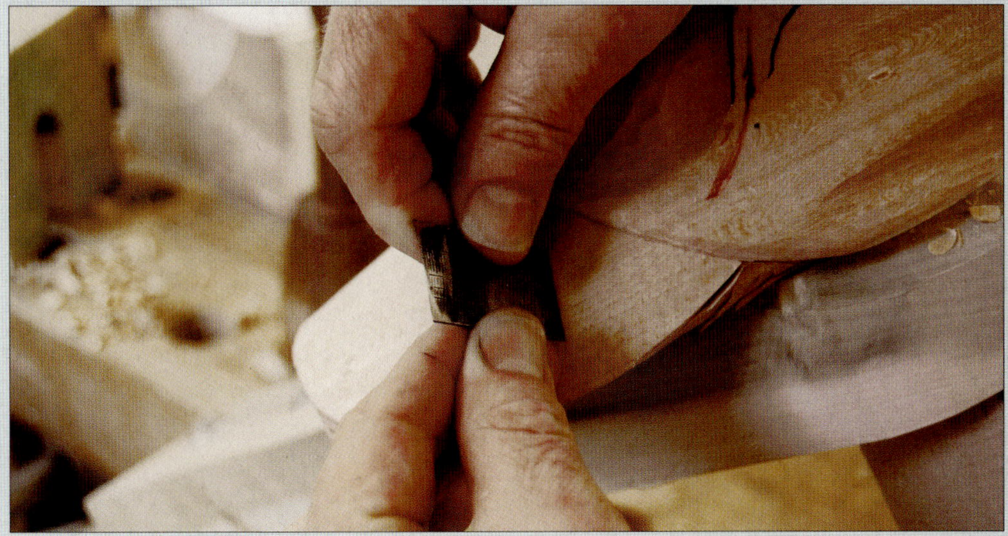

3 챙의 재료는 모자 몸체의 느슨한 천에 비해 평편하고 단단하다. 이것을 분명히 하기 위해 평편한 가우지나 고운 줄로 표면을 매끈하게 하고나서 예리하게 갈은 금속 조각으로 결을 따라서 긁어라. 나는 절삭날이 갈린 낡은 활톱날의 한 부분을 사용하고 있지만, 나이프나 스탠리 날도 또한 같은 작용을 할 것이다.

**챙**

챙을 샌딩하는 것은 피하라. 이것은 번쩍거리게 만들 뿐일 것이고, 천이라는 착각은 사라질 것이다.

## 디테일

의미상, 디테일은 조각의 표면 위에 상당히 많이 놓여 있고 그 표면에 당신이 작업해야 할 최후의 것이다. 당신은 디테일을 추가하기 전에 그 아래에 놓인 모양과 형상을 올바르게 갖춰야 한다. 따라서 모자의 솔기에는, 이것들은 나무 표면에서 유일한 아주 낮은 릴리프이고 그것을 바르게 표현하기 위해 당신은 그것이 놓이는 주름과 움푹한 곳이 정확하게 자리 잡히고 잘 마무리되는 것에 만족해야만 한다.

모자를 거듭 살피고, 모양과 움푹한 곳을 점검하고, 전반적으로 표면을 정리해라. 당신은 디테일을 추가하기 바로 전에 다소 깎은 면이 있는 마무리까지, 그리고 나서 그것들을 완성함에 따라 그 디테일 주위의 그 부분들을 더 개선할 수 있다. 결과적으로 모자 전체가 마무리에 이른다.

## 단추

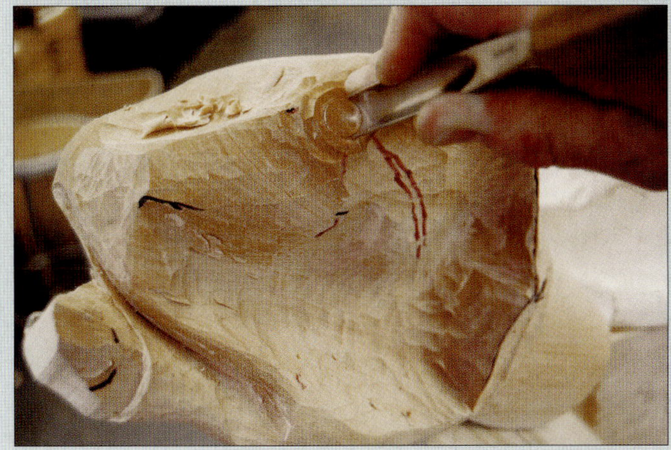

1 적합한 직경의 스윕이 있는 깊은 가우지(#9는 종종 반원형이지만 #8도 충분하다)로 단추의 윤곽선을 파들어 가라. 이것을 하는 데 맬럿이 필요할지도 모른다. 약한 판재 끝의 나뭇결을 조각할 때는, 너무 깊게 찔러 들어가 단추가 튀어나오지 않도록 주의해라.

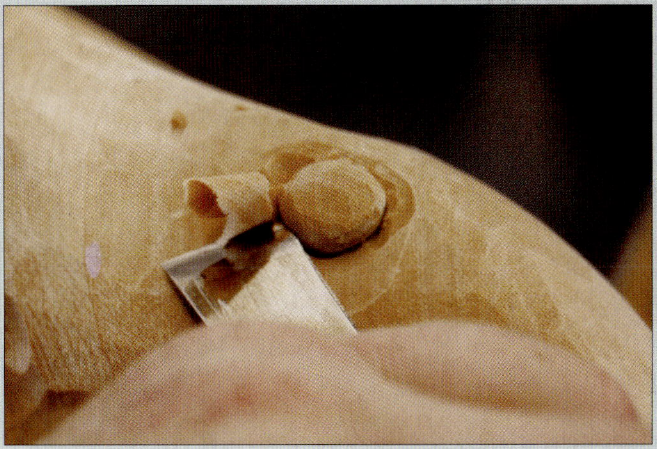

2 단추 주위의 나무를 낮추어라. 가우지를 뒤집어서 잡고 그것을 둥글게 만들어라. 주위를 깨끗이 해라.

## 솔기

1. 단추에서 동일한 각도로 솟아 있는 여섯 개의 솔기가 있다. 지금 여기서 당신이 하고 있는 것이 로 릴리프 조각(p.102)과 거의 다름없다는 것에 주목하라. 각 솔기의 양 측면에 단추 주위로 솟은 지점을 표시해라. 하지만 그 솔기의 한쪽 측면의 선을 모자의 엣지 아래로 감기도록 천을 따라서 내려 그리기만 해라. 여기서 묘수는 솔기의 한쪽 엣지를 조각하고 나서 그것을 다른 것과 평행하게 만드는 데 사용하는 것이다. 솔기를 너무 선명하게 만들지는 말라. ⅙"(2-3mm)의 솔기면 충분히 깊다.
2. 버리는 쪽에 당신이 그리고 기울였던 선 아래로 날카로운 V자형 툴이 지나가게 해서 V자형 홈의 한 쪽 면은 솟아오른 솔기의 다소 탈수직적인 벽이 된다. 솔기는 더 낮은 엣지의 위와 모자의 아래로 가게 해라.
3. 버리는 부분은 축소하고 배경으로 합쳐라. 솔기가 깊게 움푹한 곳을 지나는 곳에서 당신은 짧게 굽은 V자형 툴을 필요로 하거나, 부스러기를 없애기 전에 가우지들로 선을 파들어 가야 할 필요가 있을 것이다.
4. 평행한 두 번째 엣지를 그리는 지침으로 첫 번째 솔기 엣지를 따라 손톱을 사용하라.
5. 첫 번째 것을 반영하여 솔기의 두 번째 엣지를 조각하라. 챙에서 약 2"(51mm) 바로 앞에서 멈춰라. 로고를 새길 공간이 필요할 것이다. 당신은 이제 모자 천의 대부분을 따라서 단추와 솔기들을 완성시켰다.

각 솔기의 한쪽 면을 V자형 툴로 조각하라.

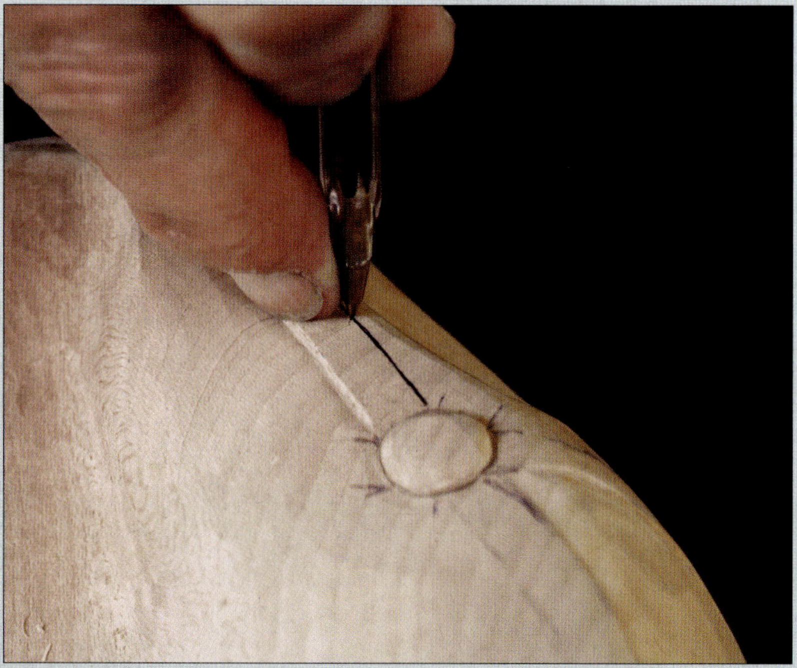

각 솔기에 평행한 두 번째 엣지를 만들기 위해 그 손가락으로 펜을 받쳐 쥐고서, 각각의 솔기 아래로 내려 그려라.

## 공기구멍

### 자리 만들기

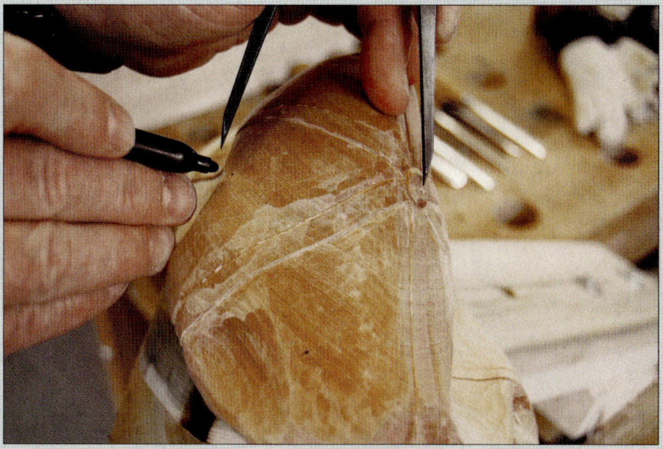

1 너무 작은 구멍이어서 주변의 바늘땀에 의해 약간 평편한 돔 형태로 솟아올라 있는 공기구멍들의 자리를 표시해라. 단추에서 똑같은 거리를 측정하기 위해 캘리퍼를 사용하고 눈을 이용해 그것을 솔기 사이에 균일하게 놓아라.

### 마운드 모양 만들기

2 먼저 ¼" #9 가우지로 당신이 표시한 주위로 원을 찔러서 작은 언덕(단추와 아주 비슷하다)을 만들어라.

3 얕은 원기둥을 만들기 위해 원 주위의 표면을 낮춰라. 모서리를 부드럽게 하기 위해 언덕 위로 둥글게 만들어라.

> **공기구멍**
>
> - 여기서 하고 있는 것은 로 릴리프 조각(p.102)에 불과하다는 것에 다시 주목하라.
> - 만약 다음 단계로 넘기기 전에 모두 여섯 개의 공기구멍에 대한 각각의 단계를 완성하면 당신은 더 많은 균일성을 가질 것이다. — 모든 공기구멍은 동시에 끝날 것이다.

### 중앙 제거하기

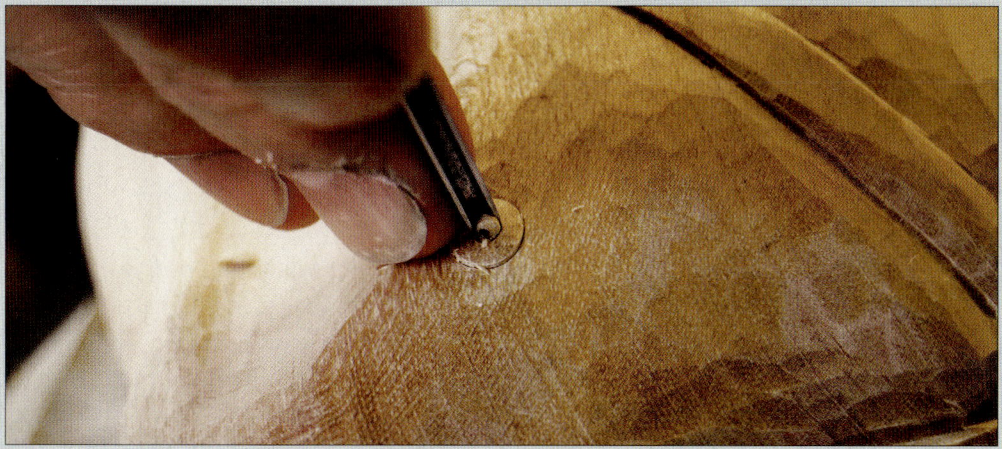

4 ⅛"(3mm) #9 가우지를 표시된 지점으로 회전시켜라. 중심은 사면의 웨지 효과(p.54)로 인해 튀어오를 것이다. 너무 강하거나 깊게 밀고 날을 지렛대로 사용하여 언덕의 어느 것이라도 부서뜨리지 않도록 주의해라. 만약 당신이 언덕을 손상시켰다면 모자 표면을 재조각하여 다시 시작해라. 평편해진 나사 끝으로 약간 깊게 구멍을 뚫어라.

## 버클

이것은 약간 까다로운 조각이지만 재미있는 도전이다. 그 부분을 조각하는 원칙은 전체를 조각하는 것과 똑같다.

1. 모델을 주의 깊게 살펴라. — 당신이 관찰하고 더 쉽게 모방할 수 있도록 평행한 위치로 나무 가까이에 모델을 두어라. 버클의 주요 평면과 천으로 된 고리의 주름에 관해서 생각해라. 버클 자체는 평편한 금속이고 그 고유의 평면에 놓여 있다. 끈이 버클을 통과한다. 당신은 이 두 지점을 단순화하여 명확하게 만들어야 한다. 또한 끈이 모자의 엣지 아래로 지나가는 곳도 살펴봐라.
2. 실톱으로 버리는 나뭇조각을 분명하게 표시하고 제거하라.
3. 안전지점(높은 지점)을 정해라. 버클의 측면, 그리고 나서 끈 아래의 앞쪽, 끈의 주름선 등등이 그것이다. 나무의 이것들에서부터 다른 안전한 지점들까지 작업해라.
4. 공간에서 그 형태를 따를 때, 다른 측면까지 나무를 뚫는다는 것을 알 것이다. 끈과 버클의 요소들을 너무 약하게 만들지 않도록 주의해라.
5. 버클과 함께 모자 조각은 마무리되어야 한다. 깔끔하고 가벼운 절삭을 위해 전반적으로 점검해라. 샌딩은 하지 말라! 가볍게 깎은 면으로 된 표면은 멀리서 보면 코튼 소재임을 꽤나 확신시키는 느낌을 준다.

버클을 조심해서 조각하고 당신은 참고용 모델을 가지고 있다는 사실을 기억해라.

## 언더컷팅

### 모자챙의 바닥 깎기

1 당신은 여기서 카버스 스크루가 제 역량을 발휘하는 것을 볼 것이다. 모자를 기둥의 끝으로 이동해라. 모자를 뒤집어서 큰 가우지로 결을 따라서 모자챙에서 대부분의 나무를 퍼내라. 당신은 주된 몸체를 ½–1"(13mm–25mm) — 단지 효과를 내기에 충분한 만큼만 — 깎아내기만 하면 된다.

2 챙 아래로 움푹한 동굴 모양이 깊어짐에 따라, ⅝"(16mm) #7과 같은 짧게 굽은 가우지로 바꿔들고 결을 가로질러 측면부터 조각해라. 모자챙의 두께를 점검하는 데 손가락을 사용해라. 필요 이상으로 그것을 더 얇게 만들지 말라!

## 로고 배지

### 배지 디자인하기

1 얇은 투사지(트레이싱 페이퍼) 위로 당신이 좋아하는 배지나 로고를 그려라. 내 것은 그 조각의 최종 소유자의 이니셜을 가지고 있다. 모자 앞면의 자리에 투사지를 정확히 붙여라. 글자 주위를 1/16"(2mm)에 못 미치는 깊이로 찌르고 약 10°로 경사지게 하여 시작해라.

### 배지 조각하기

2 연결지점이 말끔하고 깨끗한지 확인하면서 글자 주위의 남는 나무를 잘라내라. 주의해라. — 당신은 말단의 나뭇결로 작업하고 있다. 이제 배지 자체의 윤곽선을 그리고 배경을 또 다른 1/16"(2mm)로 축소시켜라.

### 로고 배지

모자의 앞쪽에는 수놓은 글자들을 가진 배지가 있다. 평편한 면에 효과적으로 새겨져 있을 뿐이다(Chapter 8, p.90). 우리가 먼저 배지가 놓일 모자 표면을 조각했기 때문에, 그것은 그 표면을 변형시켜 바르게 보이는 방법으로 자연스럽게 조각될 것이다. 어떤 로고를 디자인하든 단순하게 해라!

종이 드로잉을 제거한 후에 나는 400 그릿 사포가 달린 작은 블록으로 샌딩하여 주변의 천으로부터 그 글자들이 도드라지게 만들었다. 그런 후에 나는 평편한 가우지로 나무 표면을 강하게 누르고 문질러서 광을 냈다.

글자들을 로고로 바꾸는 쉬운 방법은, 보이는 것처럼, 원근법과 두 개의 사라지는 지점을 사용하는 것이다.

## 마감

뜯겨진 나뭇결이나 다른 흠결을 찾아 조각을 전반적으로 점검한 후에, 나는 투명 페이스트 왁스를 여러 겹 발랐다. 나는 J. E. Moster의 프리미엄 투명 페이스트 왁스를 사용했고, 그것은 가벼운 광택으로 마무리된다.

헤어드라이어로 표면을 따뜻하게 하는 동시에 왁스를 붓으로 칠해라. 이것은 왁스가 갈라지는 것을 막고 나무의 섬유소에 더 깊게 들어가게 한다. 여분은 닦아 없애고 깨끗한 면직물 천으로 조각을 문질러서 광을 내라.

# 진행하면서 보강하기

특히 조각의 한 분야인 레터링은 아름답게 만들기 위해 상당한 수련과 정확성을 요구한다. 우리가 이 책에서 글자 조각의 상세한 것을 다루고 있지는 않지만, 당신은 가령, 글자들에서 두께의 균일성과 같이 절대적으로 갖춰야 할 것이 있다고 생각할 수 있다. 예를 들면, 1999년에서 한 숫자인 9 또는 2000년에서 0이라는 숫자가 과도하게 두껍거나 이상하게 모양이 만들어져 있다면, 그 효과는 멜로디에서 지나치게 크거나 반음 내린 음과 같을 것이다. 더 나쁘다. — 그것은 영원하다.

조각의 모든 다른 갈래 중 — 잎, 얼굴 등등 — 에서 당신은 어느 정도 선택의 자유가 있다. 자신의 드로잉을 그대로 따르는 대신에, 당신은 무슨 일이 생기는 지 볼 수 있을 뿐이다. 따라서 Chapter 10에서의 아이디어는 먼저 하이 릴리프로 코이 잉어의 모양을 만들고 나중에 윤곽선을 새기는 것이다.

당신이 어떤 아이디어를 가지고 시작하건 간에, 최종의 결과는 항상 다음의 두 가지 이유로 달라 보인다.

첫번째 : 조각 과정 — 조각하는 행동 자체 — 이 결과에 영향을 미친다. 이것은 본질적으로 어떤 양식화인가의 문제이다. 양식화는 제조자가 작업하는 매개체에 대상의 실재를 적용시킬 때 생긴다. 따라서 실물은 유화작가나 수채화작가 — 또는 목조각가 — 에 의해 다르게 만들어지는 것처럼 양식화된다. 우리가 적응하는 데 취하는 자유가 많으면 많을수록, 작품은 더 많이 양식화한다. 결과 껍질에서 목조각가는 나무를 생각해야 한다. 개개의 조각가들의 능력, 공구, 접근법, 재능 등에 차이가 있다는 사실에 나무로 번역하는 대상의 이러한 불가피한 양식화를 더한다면, 당신은 자신의 아이디어가 최종의 조각품으로 명시되기 전에 상당히 많이 바뀔지도 모른다는 것을 알 수 있다. 당신은 자신의 작품을 디자인하는 데 있어 이 사실을 참작해야 한다.

두 번째 : 조각의 큰 기쁨들 중 하나는 당신이 진행함에 따라 처음의 당신 아이디어인, 조정하고 바꾸는 것이다. 새로운 어떤 것, 당신이 전에는 생각해본 적이 없는 어떤 것, 어떤 새로운 관계를 찾으면서 그것을 조정하고 바꾸는 것이다. 모방하거나 정확히 따를 필요가 없다면, 당신은 이것이 그렇게 흘러가도록 내버려두어야 한다. 이 과정은 작업을 진행하면서 캔버스를 구성하는 화가들의 것과 유사한 당신의 필수적인 창의력이다.

때때로 덜 생각하면 할수록, 당신은 더 낫게 조각한다.

※ 주의 : 나는 다른 곳에서 글자 조각을 다루었다. 내 책, *Letter Carving in Wood:A Practical Course*와 내 DVD, *Essential Letter Carving Techniques*를 보라.

Chapter 13

# 입체로 : 굴뚝새

당신의 조각이 복잡해질수록, 필요한 정보는 더 많아진다. 당신의 아이디어를 찰흙이나 플라스티신을 가지고 작은 모델로 만드는 것이 종종 도움이 된다. 그런 예비적인 스케치가 다음의 것에 도움을 준다.

- 완성된 조각을 시각화하기
- 디자인에 나뭇결 내구력을 사용하는 방법 결정하기
- 일정 비율로 모델을 제작하여 작업 드로잉 만들기
- 나무 치수재기

나는 간단한 새 한 마리(굴뚝새)를 조각하기로 했고, 맥락을 만들기 위해 나는 바위의 작은 레지 위에 그 새를 앉히고 몇 개의 꽃도 추가했다. 당신은 굴뚝새만 조각하는 것을 택할 수도 있다.

굴뚝새는 특징적으로 멋진 꼬리를 가지고 있고 내 찰흙 모델은 이 디자인이 가진 문제점을 즉시 보여준다. 그 새의 가장 가늘고 따라서 잠재적으로 가장 약한 두 가지 요소 — 꼬리와 부리 — 는 각각 다소 수직의 각도로 되어 있다. 긴 나무의 섬유소는 어떤 요소에도 힘을 주지만, 만약 꼬리를 강하게 만들기 위해 그것을 꼬리로 흐르게 한다면, 부리에는 짧은 섬유소를 써야만 하는데, 이 점이 결과적으로 부리를 아주 연약하게 만들 것이다. 부가적으로 작은 새의 다리는 너무 가늘어서(그리고 보통 새 조각가에 의해 황동으로 덧입혀진다) 나는 또한 그것들을 어떻게 보강해야 할지 결정해야만 했다. — 그러나 이 모두는 조각이라는 도전의 일부분이다. 나무에 맞추어서 디자인이 수정되거나 절충될 수도 있다(p.150, '양식화'). 여기에 내가 결정한 것이 있다.

- 부리가 단연코 가장 취약한 요소여서 나는 나뭇결이 그것을 따라서 흐르도록 하여 그 힘을 최대화하였다.
- 나는 그 새의 특징이 허락하는 만큼 꼬리 뒤를 비스듬히 처리했다. 나무의 섬유소는 이제 수직으로 꼬리를 가로지르기보다는 꼬리를 통과하여 더 비스듬하게 흐른다.
- 나는 디자인이 허용하는 만큼 꼬리를 특히 앞뒤로 두껍게 유지했다. 꼬리는 여전히 조각 과정 내내 특별한 주의를 필요로 한다.
- 나는 막대기 같은 다리를 아래의 나무(바위)에 받치거나 묶었다.
- 굴뚝새에게 어떤 특징을 부여하기 위해 나는 머리를 한쪽으로 약간 돌렸고 약간 더 많은 흥미를 위해 두어 개의 꽃을 추가했다. 나는 굴뚝새의 머리를 바위의 끝부분에 분명하게 돌출시켜 그 아래의 공간감과 작용을 얻어냈다.

결 방향대로 작업하고, 이 조각에 필요한 힘을 부여하기 위해 지지목을 사용하라. ≫

왼쪽

오른쪽

위쪽

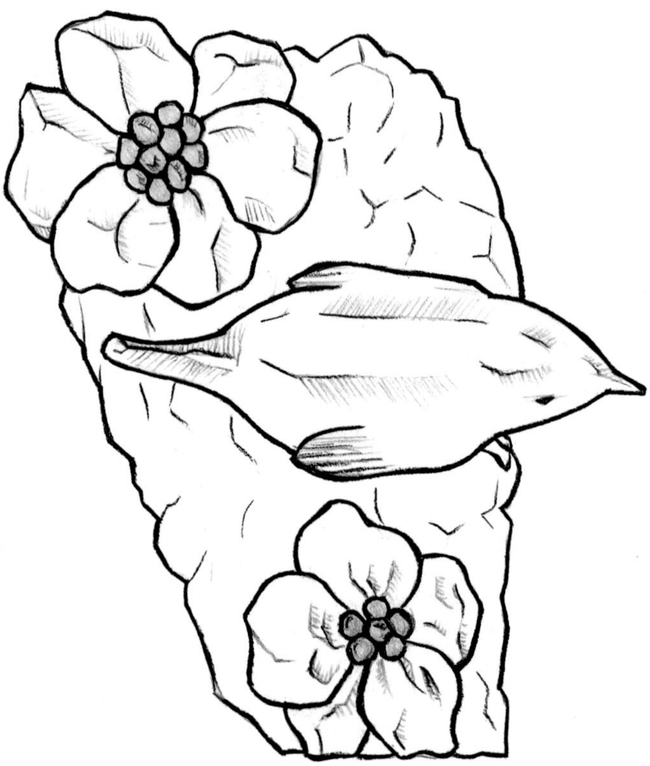

100%로 복사한 패턴

## 재료와 공구

- 4"×4"×3½"(100mm×100mm×90mm)의 레이스우드(아메리카 플라타나스 재목) 또는 선택한 나무(나는 7"[180mm]의 레이스우드 조각으로 시작했고 완성된 조각의 바닥을 잘라냈다)
- 커피(나무 착색용)
- 붉은색 수용성 염료(꽃의 중앙 부분)
- 대니시 오일
- 무광 아크릴 바니시
- 검정색 먹물(눈)

이것들이 내가 이 조각에 사용한 주요 공구들이다. 당신은 유사한 공구들도 마찬가지로 해낼 것임을 알 것이다. 당신은 디자인에 따라서 더 깊은 움푹한 곳에 다른 짧게 굽은(스푼형) 공구들을 필요로 할지도 모른다.

- 레귤러 가우지(Sheffield 리스트)
  - #1 끌 : ¼"과 ½"(6mm와 13mm)
  - #3 가우지 : ⅛"과 ¼"(3mm와 6mm)
  - #6 가우지 : ¼"과 ½"(6mm와 13mm)
  - #8 가우지 : 1/16", ¼"(2mm, 6mm, 그리고 10mm)
- 60° V툴 : ⅛"과 ¼"(3mm와 6mm)
- 빗끌 : ⅛"과 ¼"(3mm와 6mm)
- 벤치 바이스

철사 보강재는 찰흙 모델을 만드는 데 필수적이다.

모델 제작을 위해 철사 보강재 주위에 찰흙으로 모양을 잡아라.

당신이 선호하는 어떤 방법으로든 패턴을 나무로 옮겨라.

# 모델

그 자체로 찰흙은 아무 힘도 없고 보강을 위해(보강재라고 불리는) 내부의 뼈대를 필요로 한다. 판재에 나사를 삽입하고 새 형상으로 대강 철사를 감아라. 내가 꼬리와 부리가 될 부분에 철사를 감는 방법에 주목해라.

(찰흙 모델링에 대한 더 많은 정보를 얻으려면, 내 책 *Woodcarving Tools, Materials, and Equipment Vol. 2*를 보라.)

새를 만들기 위해 찰흙을 붙여라. 모델이 이어지는 조각에서 크기와 형태를 정하는 데 도움을 줄 만큼 충분히 정확하고, 꼭 명확할 필요는 없다. 여기서 나는 바위와 두 개의 꽃을 대략적으로 추가했을 뿐이다. 나는 이것들을 나중에 구성하고자 한다.

모델과 다른 정보에서 당신은 작업 패턴을 만들어낼 수 있다. 나는 내 플랜에 따라 나뭇결에 주의 깊게 방향을 잡으면서, 나무에 드로잉을 그리기 위해 카본지를 사용했다.

# 나무

월넛, 브라질 마호가니, 또는 버터넛과 같은 더 어두운 나무가 이 색깔 진한 새에게는 가장 잘 맞을 것이다. 나는 소위 레이스우드를 사용하고 있다. 런던 플레인(시카모어와 필드 메이플의 교배종)으로 잘 조각되는 건조하고 치밀한 결을 가진 어두운 색의 나무이다. 그러나 당신은 어떤 품질 좋은 조각용 나무라도 사용할 수 있다.

당신은 내가 새 아래의 절벽 모습을 표현하려 생각하면서 4"×4"×7"(100mm×100mm×180mm)으로 치수를 잰 긴 블록으로 시작했지만, 작업을 진행함에 따라서 내 마음을 바꿨다는 것을 알 것이다. 그래서 마지막 디자인은 실제로 그 길이의 절반만 필요했을 뿐이다. 다른 한편으로 그 여분의 나무는 그 블록을 잡는 데 유용했고 그것을 간단한 바이스로 사용함으로써 활용하였다.

## 잘라내기

### 잘라내기

굴뚝새의 다리보다 더 높게 꽂이 놓여 있을 것임을 기억하고, 여기서 나무를 톱질해버리지 말라. 이 단계에서는 부리와 꼬리 주위의 나무를 남기는 것에 너그러워야 한다.

1 밴드 쏘나 코핑 쏘를 사용하여 새의 윤곽선을 톱질해라.

2 다시 밴드 쏘나 코핑 쏘로 새의 한쪽 측면까지 나무를 제거하라. 굴뚝새가 고개를 한쪽으로, 여기서는 오른쪽으로, 약간 돌릴 수 있을 만큼 충분히 나무를 남겨라.

## 조각하기

몸체 둥글리기

1 날개 제작을 위한 두께를 감안해서 중간 가우지로 나뭇결을 가로질러 아래로 몸체와 머리의 뒤에서부터 둥글리기 시작해라. 꼬리와 부리 둘 다 통통하게 유지하면서, 몸체를 향해 꼬리부터 작업해라. 머리를 한쪽으로 젖혀라.

2 V자형 툴로 날개 모양을 표현하기 시작하고, 바닥(바위)을 정리하기 시작해라. 조각의 모든 측면에 닿을 수 있게 바이스로 잡고 블록을 돌려라. 머리와 부리 쪽을 향해 움직이면서 나뭇결을 따라서 작업하도록 바꿔라.

3 아직은 깊이 바닥깎기하지는 말고, 몸체 주변을 조각해라. 다리 상층의 표면을 위한 레벨을 정해라. 다리가 몸체에서 발을 향해 뻗으면서 새와 관련지으며 어떻게 놓여 있는지를 생각해라. 나무 위에 다리를 그려라. 다리가 나타나기 시작하도록 그 주위의 나무를 낮춰라.

## 조각하기(이어짐)

### 꽃 만들기

4 당신이 좋아하는 곳이라면 어디에라도 심플한 꽃들을 그리고 나무가 그 레벨 위까지 솟아오르도록 그 주위의 나무를 낮춰라. 더 많은 재미를 주기 위해서 꽃들을 새로부터 떨어뜨려 비스듬히 위치시켜라.

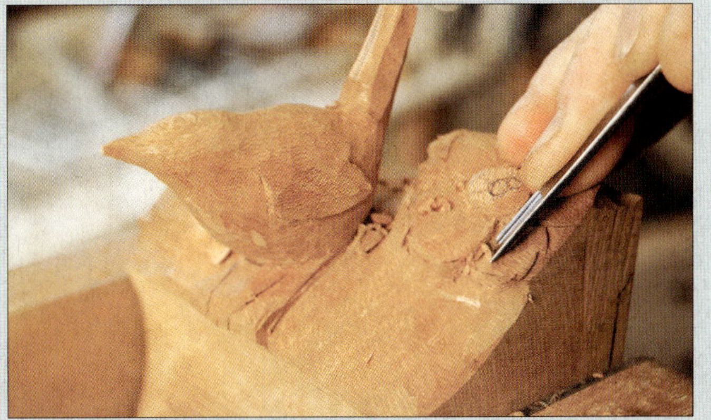

5 나무를 낮춰서 꽃들을 명확히 표현할 수 있다. 당신은 실제의 꽃이나 그 비슷한 것을 조각할 수 있다. 작은 공 모양으로 된 중앙의 버튼에서 퍼져 나오는 다섯 또는 여섯 개의 심플한 꽃잎들. 주요 형태를 조각하고 꽃잎들을 분리시켜라.

### 다리와 발 명확히 하기

6 꽃잎의 모양을 만들어라. 그런 후에 ⅛"(3mm) #8이나 #9 가우지로 원형의 송이를 새겨라. 가우지를 뒤집어서 돔과 절반의 공 모양으로 원형을 둥글려라. 빗끌의 뾰족한 부분으로 사이의 공간을 정리해라. 완성된 꽃잎을 바닥깎기해라.

7 다리와 발의 바깥쪽을 명확히 규정해라. 다리 안의 부분을 낮추는 것은 꽤 까다롭다. 당신이 앞에서부터 조각할 때, 다리 사이에는 나뭇결과 반대로 자를 필요가 있을 것이다. 안쪽의 엣지를 명확히 하기 위해 날카롭고 좁은 V자형 툴을 사용해라.

8 좁은 끌과 평편한 가우지로 나무의 잘린 조각을 슬라이스해라. — 한꺼번에 너무 많이 하지는 말라. 당신이 다리의 위치와 모양에 만족하면, 양 측면에서부터 그것들을 바닥깎기해라. 다리를 바닥에서 분리하는 것은 불필요하다.

9 바위의 엣지에서 돌출해 나오도록, 앞쪽에서 발 자체의 아래와 주위를 깎아라. 이것이 시각적으로 더 재미가 있다.

# 조각하기(이어짐)

10 좁은 #3이나 #4 가우지로 굴뚝새의 세 개의 발톱을 분리시켜라.

새에 디테일 추가하기

11 깃털을 흉내내기 위해 평편한 가우지로부터 가는 공구 자국을 내서, 이제 새를 완전히 마무리하기 시작해라. 날개와 깃털을 규정하기 위해 V자형 툴을 사용해라.

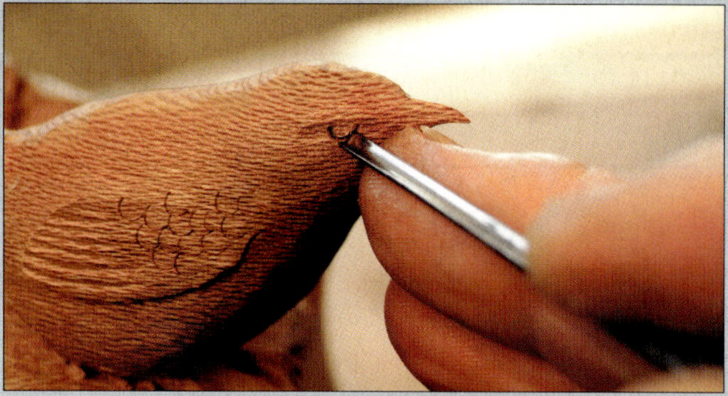

12 당신이 꽃들의 중앙에 만든 작은 공 모양처럼 눈을 새겨라(6단계). 당신은 이것을 위해 아주 좁은 반원의 가우지를 필요로 할 것이다. 가우지를 회전시킬 때, 눈을 밀어내지 않도록 주의해라.

바닥과 바위 조각하기

13 원래 블록의 모서리들을 없애면서 굴뚝새와 꽃 주위의 나무 모양을 다듬어라. 서로 다른 넓이의 끌과 경우에 따라서는 가우지로 다양한 크기의 기하학적인 바위와 좁은 틈을 깎아내라. 바위가 완성되었을 때, 나는 절벽을 톱질해 갈라놓았다.

## 바닥과 바위 조각하기

작업을 계속하면서 보충하고, 하는 것을 변화시키면서, 바위를 상당히 자연스럽게 구성하도록 애써라. 임의적이고 불규칙적인 크기와 모양이 최선이다. 굴뚝새 바로 옆의 주변에 나무를 있는 그대로 남겨두어라. 만약 확신이 가지 않으면, 여분의 나뭇조각에 연습해라.

## 마무리하기

- 먼저 비슷한 나뭇조각 위에 스테인을 테스트하고 단번에 색깔을 완전히 깊숙이 입히려들기보다는 색을 보강하도록 해라.
- 나무의 어두운 색이 조각에 입체감을 빚어내기 위한 빛과 그림자의 어떤 부분을 감추지 않는지 확실히 하기 위해, 나는 바위를 훨씬 더 어둡게 착색했고 꽃의 중앙에 붉은 색의 붓터치를 더했다. 나는 굴뚝새을 자연스런 나무색이 되게 했다.
- 나는 커피농축액으로 바닥과 바위 부분의 나무를 어둡게 물들였고 대니시 오일로 바위를 훨씬 더 어둡게 만들었다.
- 나는 꽃 중앙에 수성의 염료를 사용했고, 더 그윽한 표정을 내기 위해 더 많은 대니시 오일을 덧발랐다.
- 마지막으로, 나는 무광의 아크릴 바니시를 사용하여 굴뚝새와 꽃잎을 마무리했고 굴뚝새의 눈을 검정색 잉크로 칠했다.

# 찾아보기

## 한국어



## 로마자



## 번호

# Chris Pye의 목각 기법 따라하기

초판인쇄 2016년 04월 06일
초판발행 2016년 04월 13일
저 자 Chris Pye
역 자 정복자
펴 낸 이 김성배
펴 낸 곳 도서출판 씨아이알

책임편집 박영지
디 자 인 강세희
제작책임 이헌상

등록번호 제2-3285호
등 록 일 2001년 3월 19일
주 소 (04626) 서울특별시 중구 필동로8길 43(예장동 1-151)
전화번호 02-2275-8603(대표)
팩스번호 02-2275-8604
홈페이지 www.circom.co.kr

I S B N 979-11-5610-213-7 (93630)
정 가 20,000원